写给不同体型
健身者的
力量训练指南

［英］李·博伊斯（Lee Boyce）　梅洛迪·舍恩菲尔德（Melody Schoenfeld）　著

鲍克　王贤明　译

人民邮电出版社

北　京

图书在版编目（CIP）数据

写给不同体型健身者的力量训练指南 / （英）李·博伊斯（Lee Boyce），（英）梅洛迪·舍恩菲尔德（Melody Schoenfeld）著；鲍克，王贤明译. — 北京：人民邮电出版社，2025.10
ISBN 978-7-115-63626-3

Ⅰ. ①写… Ⅱ. ①李… ②梅… ③鲍… ④王… Ⅲ. ①力量训练—指南 Ⅳ. ①G808.14-62

中国国家版本馆CIP数据核字（2024）第020551号

版 权 声 明

免 责 声 明

本书内容旨在为大众提供有用的信息。所有材料（包括文本、图形和图像）仅供参考，不能用于对特定疾病或症状的医疗诊断、建议或治疗。所有读者在针对任何一般性或特定的健康问题开始某项锻炼之前，均应向专业的医疗保健机构或医生进行咨询。作者和出版商都已尽可能确保本书技术上的准确性以及合理性，且并不特别推崇任何治疗方法、方案、建议或本书中的其他信息，并特别声明，不会承担由于使用本出版物中的材料而遭受的任何损伤所直接或间接产生的与个人或团体相关的一切责任、损失或风险。

内 容 提 要

本书讲解了如何根据不同体型健身者的身体特征，改进硬拉、深蹲和卧推等常见的运动模式，以利用不同人的先天优势基础，达到最佳的训练效果并降低受伤的风险。本书不仅对每个动作及其变式进行了详细的分析和描述，还阐释了修改动作背后的基本原理和益处。

本书适合健身爱好者阅读，能帮助他们更好地发挥身体优势，提升运动表现；同时也可供健身教练参考，从而为客户提供更加个性化的指导。

◆ 著　　[英] 李·博伊斯（Lee Boyce）
　　　　 梅洛迪·舍恩菲尔德（Melody Schoenfeld）
　 译　　鲍克　王贤明
　 责任编辑　刘日红
　 责任印制　彭志环
◆ 人民邮电出版社出版发行　　北京市丰台区成寿寺路 11 号
　 邮编　100164　电子邮件　315@ptpress.com.cn
　 网址　https://www.ptpress.com.cn
　 北京市艺辉印刷有限公司印刷
◆ 开本：700×1000　1/16
　 印张：17.75　　　　　　　　　　　2025 年 10 月第 1 版
　 字数：290 千字　　　　　　　　　2025 年 10 月北京第 1 次印刷
　 著作权合同登记号　图字：01-2023-1387 号

定价：98.00 元
读者服务热线：(010)81055296　印装质量热线：(010)81055316
反盗版热线：(010)81055315

前言

"没有什么好东西是轻而易举得来的。如果是这样的话，每个人都会拥有它。"

这句话深深地印在我的脑海中。我第一次进入美国职业篮球联赛（National Basketball Association，NBA）的力量房时，感到非常震撼。当时我刚被洛杉矶湖人队签约，所有的球员都是来这个训练中心训练的。我确信自己坚持到底了。我们专注于训练，严格执行教练要求的难度和训练量。每个人都有自己的计划，因为每个人都不同。除了在球场上不同位置的人有不同的需求，我们的体能水平、体型和损伤情况也各不相同。

我很兴奋能征战自己的首个职业赛季，开篇的那句话我也一直铭记在心。

更重要的是，我惊讶地发现那些器械是为像我这样身材高大、肢体较长的运动员而设计的，这让我感到非常酷。这些器械不是你在街上普通的 Gold's Gym* 中能找到的。对于一个身高为 7 英尺（约 2.13 米）、臂展为 7 英尺 1 英寸（约 2.16 米）的人来说，这再好不过了。我没有在增加肌肉方面遇到问题，我一直是一个大块头，因此这部分训练对我来说并不困难。我的问题在于不能够随时获得合适的设备和合适的训练方案。（要感谢我的体能教练提供的所有帮助。）有人认为自己并不需要在力量房里，他们准备好了训练，但实际上他们无法忍受力量训练，特别是与打球或做（专项）训练相比——因此他们认为力量训练没有太大意义。每个人都不同，每个人都需要个性化的训练方案来保持良好的体能水平。

我认为我是因为热爱力量训练，所以很容易在力量房里沉浸其中。我享受在那里举起重物的感觉，追求肌肉尺寸和力量的增长也很有趣。但是在职业生涯的后期，我注意到情况开始发生变化。我需要以不同的训练方式来保持良好的表现，我的块头已经很大了，不必再变得更大，我只需要维持。这时，我需要关注其他方面，比如徒手健身，并需要优先考虑自己的灵活性和柔韧性，以保证关节的健康。由于我的肢体与其他人相比要承受更大的重量，所以我不能一天又一天地重复大负荷的训练。我开始采用不同的方法，比如做瑜伽，以保持身体柔软和放松。正如我之前提到的，每个人都需要个性化的训练方案，而这个调整对我来说是有效的。

在联盟中，你可能会遇到 O 形腿的球员、四肢不协调的球员，或 X 形腿的球员，你不能要求这些球员接受相同的训练。我可以确定的是，联盟中大多数身材高

---

* 一家美国连锁国际男女合校健身中心。——译者

大的球员都有脚部问题——这也提醒我需要投入更多精力去关注，做更多的拉伸以及软组织护理。当像我这样一个身高为 7 英尺（约 2.13 米）、体重为 265 磅（约 120 千克）的球员和一个身高更矮、体重为 180 磅（约 82 千克）的后卫一起在力量房进行训练时，需要考虑很多因素，以使两人的表现都能得到提高。

在以力量训练和体型为主题的研究领域，鲜有相关文献，而本书提供了非常宝贵的资源。我认为像本书这样的指南对训练界的许多领域都会非常有帮助，特别是对于球员来说。但无论你是职业运动员还是完完全全的初学者，了解自己的特点和需求，以及合适的训练方式都是非常重要的。即使你不参加体育运动，这些需求也不会消失。每个人都可以从本书中有所收获，因此好好享受阅读本书的过程，相信你会一次又一次地回顾它。

——罗伯特·萨克（Robert Sacre），洛杉矶湖人队中锋（2012—2016）

致谢

经过多年的演讲和写作，以及由于自己的力量训练经历，我认为可以毫不夸张地说，本书的话题对我来说非常熟悉。梅洛迪·舍恩菲尔德（Melody Schoenfeld）是一位高效的、以研究为驱动的体能教练／工作狂／智多星，从我们第一次见面开始，我就和她产生了"化学反应"。她也是本书所含内容的一个典型例子。我们两个人是完美的组合，我想不出还有哪位合作者和共同作者能够比她更适合与我合作。我仍然对她能够应对我近乎苛刻的要求感到惊讶和钦佩。她应该因她的才华和出色的表现而获得最衷心的感谢。

在过去的 15 年里（本书数据截至英文版成稿时），我在健身行业结交了许多好朋友，其中很多人在本书出版的过程中起到了关键作用。在这个过程中，我非常感谢蒂姆·迪弗兰西斯科（Tim DiFrancesco）、乔·德弗兰科（Joe DeFranco）、斯科特·道格拉斯（Scott Douglas）［以及 NSCA（National Strength & Conditioning Association，美国国家体能协会）的所有人员］、杰伊·金（Jay King）、里基·雅克（Ricky Jacques）、黄启邦（Wong Kai Pun）、纳塔莉·萨库奇（Natalie Saccucci）、Eb·塞缪尔（Eb Samuel）、亚当·菲勒（Adam Firer）、埃里克·史密斯（Eric Smith）、克里斯·拉古比尔（Kris Raghubir）、李·雅诺塔（Lee Janota）、安德鲁·科茨（Andrew Coates）和 古尔沙龙·考尔（Gursharon Kaur），感谢他们在整个过程中以各种方式给予的支持和帮助。我非常感谢人体运动出版社喜欢本书的想法，为本书开了"绿灯"，并支持本书的出版。对于所有参与其中的人——编辑、摄影师和每一个可能参与本书制作的其他工作人员——我表示感谢。特别感谢罗伯特·萨克为本书撰写了一篇珠玑般的前言，为本书锦上添花。本书的制作花费了很长时间，这是一个从未让我感到枯燥或厌倦的过程。2007 年，我首次进入商业健身房工作场所，帮助我的第一个客户进行训练，这一切仿佛就发生在昨天。妈妈，这本书也献给你！

——李·博伊斯（Lee Boyce）

本书为不同体型的人群而著，而我找不到比李·博伊斯这个极为出色、身材魁梧、聪明绝顶的搭档更好的人来完成它。我还要感谢洛乌·舒勒（Lou Schuler）和尼克·布朗伯格（Nick Bromberg）多年来一直举办"健身峰会"，正是因为这个活动，我和李相遇了，并在演讲和参会的过程中结识了许多其他令人惊叹的人。非常感谢米歇尔·厄尔（Michelle Earle）、罗杰·厄尔（Roger Earle）、安妮·霍尔（Anne Hall）和人体运动出版社的其他员工，感谢他们对本书的信任，并且允许我们做了无数次调整。特别感谢李·雅诺塔在整个写作过程中给予的支持。还要特别感谢我的兄弟布拉德（Brad），他一直鼓励我，如果没有他，我可能根本不会想到要进入健身行业。

——梅洛迪·舍恩菲尔德（Melody Schoenfeld）

非常感谢我们的朋友、同事和客户，他们自愿贡献了他们的时间和精力，并且作为模特为本书拍摄了非常图片：奥德·豪根（Odd Haugen）、李·雅诺塔、阿龙·安德森（Aaron Anderson）、萨莉·刘易斯（Sally Lewis）、韦诺纳·科尔-麦克劳克林（Wenona Cole-McLaughlin）、比尔·哈达（Bill Hada）、埃琳·库拉什（Erin Kurasz）、肯·库拉什（Ken Kurasz）、布赖恩·桑切斯（Bryan Sanchez）、西西里·伊斯利（Sicily Easley）、金泽·麦格拉思（Kimzey McGrath）、迈克尔·威特（Michael Witt）、威尔·吉利亚尼（Will Guiliani）、布伦达·加西亚·戴维奇（Brenda Garcia Davidge）、埃里克·史密斯（Eric Smith）和罗伯塔·特拉加兹（Roberta Tragarz）。

从左到右：阿龙·安德森，健身爱好者；萨莉·刘易斯，狗狗敏捷性训练师；韦诺纳·科尔－麦克劳克林，健身爱好者；比尔·哈达，健身爱好者

从左到右：李·博伊斯，短跑和跳高运动员；梅洛迪·舍恩菲尔德，大力士、握力运动员和摔跤手；西西里·伊斯利，举重运动员

布伦达·加西亚·戴维奇，轮滑球运动员

从左到右：李·雅诺塔，大力士、握力运动员和高地运动会运动员；埃琳·库拉什，执法人员；肯·库拉什，健身爱好者；布赖恩·桑切斯，大力士

从左到右：奥德·豪根，举重运动员、握力运动员和摔跤手；金泽·麦格拉思，健身爱好者；迈克尔·威特，举重运动员、握力运动员和摔跤手；威尔·吉利亚尼，握力运动员

罗伯塔·特拉加兹和埃里克·史密斯，健身爱好者

说明

"我的身体做不到那个动作。"

如果你曾经和客户合作，或者在健身房听到别人的对话，你很可能听到过有人这样说。许多教练在接受培训时学到的技巧并不适用于所有人，原因很简单：

"人的体型并不完全相同。"

我知道这听起来令人惊讶，但毫无疑问，告诉某人在硬拉动作中要把小腿和地面平行，这是不可能发生的。人体的几何结构对于一个人在任何特定运动中的表现发挥着巨大的作用。

我们身体的不同关节角度、骨骼长度和整体结构可能意味着某些举重运动更加具有挑战性，但这并不意味着这些运动不能或不应该进行，我们只需要进行一些动作形态调整就可以使它们得到优化。

本书探讨并肯定运动时身体的差异。我们会分析特定体型的人如何做各种举重动作，并讨论如何更好地利用不同身体部位的杠杆（如手臂、腿和躯干），以最大限度地优化举重动作。通过使用物理学、生物力学、几何学和个人经验混合的方法，我们希望创造一份全面的指南，帮助不同体型的人以最佳的方式进行训练。

事实是，当你更仔细地观察每项运动，特别是在竞技运动的精英层面，你无疑会发现一种趋势：由于某些体型更能适应该项运动的要求，因此该项运动的运动员的体型呈现出同质化趋势。但令人奇怪的是，对于力量训练，从来没有人做过同样的仔细研究。事实上，并非每个人都适合举重，但每个人仍然需要进行力量训练。

虽然某些体型更适合精英举重运动，但在一般训练方面，我们有机会通过调整来满足自己的需求。

力量训练是每个人都应该进行的，但如果我们被困在传统的运动模式、固定的计划和技巧中，那么不是每个人都适合这种训练方式。此外，在体育运动中，运动员别无选择，只能适应被要求做的事情，比如无论高矮，都需要跳得足够高才能灌篮；或者无论臂展长短，都需要打出本垒打。我们没有能力在那个世界中做出改变，体型成了区分精英和普通、优胜劣汰的依据，但是训练不需要这样。

在保证各种体型的人安全的同时使他们变得更强壮，这是力量训练及其方案设计的新标准，即使这意味着在训练教材中需要重新审视一些规则。让我们正视现实——力量训练不是一种通用的运动方式，我们不要刻板地认识它。

目 录

第一部分　基础知识

第二部分　运动优化

第三部分　完善综合力量训练方案

第一部分

基础知识

本书的前 4 章将为本书探讨的内容奠定基调，并提醒读者，训练时应该考虑到个体的独特性。重要的是要多进行辩证思考，很多事情不是非黑即白的。对于许多有关技术、运动处方和方案设计的问题，"这取决于具体情况"是非常现实和有效的答案。

在现实世界中，人的体型多种多样，个人的体型会在很大程度上影响他们在特定项目中的潜力上限，甚至可以影响一个人选择主要练习哪个项目。我们应通过清晰、全面的方式学习剪切力、功和扭矩等基本物理原理并理解它们，从而在后面的章节中准确应用它们。

我们应该如何进行训练，是像健美选手一样进行分化训练，像运动员一样进行复合运动，还是进行大力士风格的训练？这个问题在健身和力量训练世界中有较大争议。无论你走到哪里，关于这个问题你都会得到不同的答案。争论随处可见，但我们不参与这些争论。

我们将通过基本运动模式建立共同的基础。这样，无论个人使用什么样的训练方法，都能够被分类和分析。关注运动模式而不是肌肉，可以让特定的训练有多种变式，这也是围绕相关内容展开讨论的一个很好的起点。

本书的前 4 章将启发你的思维，并且可能会使你质疑自己过去接受的硬性、快速和牢不可破的规则。我们将使用一点儿历史、一点儿科学、一点儿理论和一点儿我们最喜欢的要素——常识，为即将展示的内容奠定基础。

第 1 章

体型特异性的重要性

理想的身体比例，长期以来一直是美学讨论的话题。对称通常被视为一种理想状态，就像达·芬奇（da Vinci）的《维特鲁威人》（*Vitruvian Man*）所展示的那样，他的身体比例使他能够完美地嵌入圆圈。

然而，在现实生活中，大多数人的身体并不是那么对称。北美、澳大利亚、欧洲和东亚的男性的平均身高略高于 5 英尺 10 英寸（约 1.78 米），而女性的平均身高略低于 5 英尺 5 英寸（约 1.65 米）（Roser，2013）。很多人的身高会在中位线上下波动，而其中还存在着不同程度的四肢长度、躯干长度、肩宽、腰臀比等方面的差异。

目前并没有标准的身体比例测量方法。然而，一些指标如腿长，被用来确定疾病和生长模式。腿长对于运动尤其重要，腿长应占身高的 50% 左右，以便双腿高效地运动（Bogin，2010）。身体比例也会在调节体温、用手臂和手部搬运物品、做手势和进行其他形式的非语言沟通及长跑等方面产生影响（Bogin，2010）。

人的身体比例、身高和体重受许多因素的影响，其中环境是最重要的因素之一。在寒冷的气候中，较短的四肢和较大的体重有助于保温；而在炎热的地区，较长的四肢和身体有助于防止过热（Ruff，2002）。此外，营养也在发育中发挥着重要作用。营养不良会影响生长和四肢长度，而营养过剩会增加身体的总围度（Azcorra，2013）。

总之，考虑到多种影响因素，不存在一种理想的身体比例。然而，某些身体比例对特定运动有优势，而其他身体比例可能会带来更多问题。因此，需要运用生物力学来优化不同体型的人在力量、体能和专项运动等不同领域的表现。

不同体型的人进行相同的力量训练可能会出现问题。例如，高个子运动员进行硬拉时，因为杠铃必须经过更长的运动轨迹，相较于较矮的运动员，其腰部要承受更长时间的压力。

较矮而轻盈的运动员可能会在许多大力士运动中处于极大的劣势。例如，大力士运动中的"力量楼梯"要求运动员将重物提升至超过正常高度，而较矮的运动员可能需要进行一些令人瞠目结舌的大幅度伸展动作，才能将重物提到阶梯上。此外，轻量级运动员的肌肉增长可能会更加困难，这使得其整体的负载能力也较低——轻量级运动员很难举起一些重量较大的物体。

手臂较短可能会影响投掷运动中的投掷距离和速度。因此，手臂较短的运动员需要找到替代技术，以强化投掷力量。与此同时，下肢较长可能会在短跑时降低步频和加速度。因此，下肢较长的短跑者可能需要进行不同的训练，以便在这些方面得到改善。

迄今为止，关于体型和四肢长度对运动表现的影响的研究还很少。已有的研究往往是针对特定运动的。部分研究已经针对排球（Aouadi et al., 2012）、游泳（Nevill et al., 2015）、手球（Sarvestan et al., 2019）和其他一些运动的四肢长度和运动表现进行了探索。还有一部分研究是针对举重（Musser et al., 2014; Vidal et al., 2021）和力量举（Justin et al., 2007; Keogh et al., 2009）的。毕晓普等人对肢体不对称和运动表现的现有研究进行了系统综述（Bishop et al., 2018）。这显然是一个需要更多研究的领域。

据我们所知，教练和训练师的培训材料或主流材料中没有关于这个主题的内容。我们认为这是需要填补的空白。教练将管理各种体型的运动员，其中许多运动员可能不适合该特定运动。非理想体型的运动员的训练可能会与传统体型的运动员大不相同。了解每个人如何才能更好地利用自己的身体比例，将有助于培养更好的运动员，这应该是教练的主要关注点。

方案：5 个被忽视的成功因素

是否了解如何发挥每种体型的最佳优势是区分优秀教练和普通或糟糕教练的关键。优秀教练需要有个性化的方法，而不能使用通用的模板。从互联网上找到的符合所有标准的训练方案并不能保证运动员发挥出最佳水平。这些训练方案通常会假设每个人都能达到最佳状态，但是训练方案（以及其创建者）无法真正了解举重训练者的实际情况。教练唯一要做的是根据普通人的历史纪录，制订追踪记录的举重方案。以下是通用的训练方案可能忽视的训练因素。

举重训练者的实际年龄

在执行涉及抗阻训练的力量训练方案时，需要考虑举重训练者的实际年龄。举个例子：你可以精心呵护一辆 1974 年的谢尔比 GT，定期按计划对其进行保养，更新其零件等，因为它的维护情况良好，因此多年以后它依然可以提供不错的驾驶体验。然而，如果你期望那辆 1974 年的谢尔比 GT 能够在比赛中击败一辆 2020 年的谢尔比 GT，那么你大概率会失望。原因很简单：前者是一辆需要更多关注的车辆，因为它的发动机里程更多；发动机已经运转了很多次，轴承已经旋转了数百万次；它甚至可能需要更长时间来预热。它是一辆老车，这是无可争议的事实。

尽管这个关于老车的比喻有些陈词滥调，但它确实很恰当。对于人体，可以以类似的方式看待，你不能期望以同样的强度（或频率）对一个 48 岁的人和一个 20 岁的人进行训练，也不能期望他们以相同的速度恢复。如果这是真实且可能的，那么职业体育的退役年龄范围（通常为 35 ～ 40 岁）就不会存在，运动员将在 50 多岁甚至更大的年龄打破纪录。在互联网上出售的或教科书里介绍的训练方案并不是根据尝试进行训练的个人的年龄制订的，训练方案的内容是否强度太大，或者是否适合举重训练者的整体情况，那就只能靠运气了。

举重训练者的训练年龄

不同于实际年龄，训练年龄指的是举重训练者接受以结果为导向的训练方法的年限。例如，一个 20 岁的大学水球运动员从 17 岁开始在力量房进行强化训练，那么他的训练年龄为 3 年。而一个 49 岁的金融顾问直到 47 岁才开始雇佣私人教练进行训练，那么他的训练年龄仅为 2 年，尽管他的实际年龄是上述大学水球运动员的 2 倍多。

如果上述例子中的大学水球运动员持续训练，那么当他到达金融顾问此时的年龄时，他的训练年龄将达到 32 年。训练方案的复杂程度，包括整体难度水平和个人动作的复杂度（例如，与简单的划船或弯举相比，奥林匹克举重或抓举等动作显然更复杂），可能会对训练效果产生重大影响。基于训练年龄或整体举重经验，同一个处方不可能适合每个个体。

同样，学员的技能水平通常与其训练年龄密切相关。相较于一个经验有限或身体感知较差的人，有经验的举重训练者更容易掌握新的动作模式，这可能是判断训练方案是否适合个人的一个重要因素，并且这会影响他们的训练结果。此时，一个在某个动作上掌握了大量技巧的训练者，由于在进行一组负重训练时表现得十分高效，因此可能无法再获得该动作模式的所有好处（这取决于个人的训练目标）。当这个动作已经形成良好的模式并且已经练习多年时，介于力量和健康相关结果之间的平衡会变得明显，这是收益递减法则（即你对某些动作的练习次数越多，例如举重动作，随着时间的推移，你从中获得的收益就会越少）所决定的。渐进超负荷可能会为你带来额外的刺激和好处，但你不必总是把增加负荷作为关注的焦点。

举重训练者的损伤史

对于那些希望在执行周期训练方案期间增加腿部力量和围度的人来说，将杠铃深蹲作为日常的主要训练是保加利亚训练法的重要组成部分，只要一切保持不变，这是一个可靠的选择。然而，让曾经经历过双侧髌韧带断裂、疝气修复手术或有椎间盘问题的人进行深蹲训练可能会引起很多问题。任何好的教练都会尽力了解运动员的损伤史，包括关节磨损程度、慢性疼痛、急性损伤或其他任何导致训练停滞的手术。解决方案并不总是完全放弃训练方案，但这可能意味着要调整计划，以更好地满足个人需求。

对于髌韧带断裂、做过疝气修复手术和存在椎间盘问题的举重训练者来说，深蹲可能并不会完全被排除在训练方案之外，但在这种情况下，往往需要减少举重次数、增加倾斜装置、降低日常（负荷）最大阈值、延长休息时间、降低每周深蹲的频率，以及更好地衡量感知用力程度。在实践中，这种调整行之有效，因为本书的作者之一有过亲身经历。

举重训练者的人体测量学特征和体型

你可能认为举重训练者的人体测量学特征和体型会是下一个关注的领域，这是很有道理的。力量训练作为一个整体，与肌肉关系很小，与训练者是否了解物理学有很大关系。负荷如何作用于全身的关节，身体如何承受这样的负荷，取决于身体所拥有的杠杆作用。如果让一个腿长28英寸（约71.12厘米）的训练者与一个腿长37英寸（约93.98厘米）的训练者进行相同的下半身训练，并期望获得相同的结果，这就忽略了人体测量学特征的个性化需求。

体型是实现某种运动或训练的高水平表现的自然基准，任何没有这一基准的人通常都需要付出更大的努力才能达到与别人相同的表现水平。一个6英尺（约1.83米）高、臂展为5英尺11英寸（约1.80米）的人和一个6英尺（约1.83米）高、臂展为6英尺7英寸（约2.01米）的人进行同样的卧推训练，他们的肩膀会受到不同的影响。其他不可改变的骨骼架构也应被纳入考虑范围，例如训练者髋关节窝（髋臼）在骨盆上的位置（图1.1），以及这种差异如何影响硬拉和深蹲及其变式的训练效果。

无论训练的目标是增肌、减脂、增强力量还是改善体能，训练者了解到并不是所有人都适用于同一训练方案是很重要的。

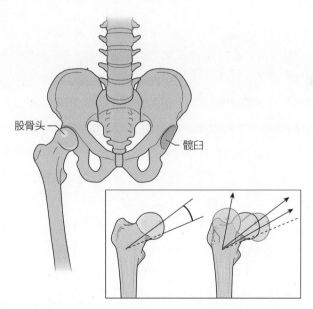

图 1.1　髋臼构型

力量是什么

让我们先解释一下什么是力量，同时指出力量和体能训练界可能存在的误区。力量不等于健康体能。

以最简单的形式来说，力量是指通过施加力对抗阻力来移动重物的能力。拥有力量是健康的身体最重要的特质之一，力量是健康体能的一项组成要素。对于许多人来说，这是一个陌生的现实。因此，许多教练不知不觉地将他们的普通客户默认为力量举选手——过于关注他们的最大努力、传统杠铃动作以及渐进超负荷等，但忽视了其他方面。

实际上，健康体能有 11 项组成要素，涵盖了健康和技能，力量只是其中之一。换句话说，力量不是健康体能的全部，只占健康体能的 9% 左右。下面介绍健康体能的其他 10 项组成要素，确保我们在同一基础上展开讨论。我们如果要谈论健康体能训练，就应该进行一个适当、全面和完整的健康体能评估，无论结果怎样，无论个人对其某些方面是否存在偏见。

速度

速度指的是身体部位（单独或同时）从一个地方移动到另一个地方的快慢程度。测量速度或速度的生成，通常涉及计算物体（包括身体）在运动过程中发生的位移与所用时间的比率。常见的速度单位包括米 / 秒、千米 / 时等。例如，一个人用 10 秒跑了 100 米，其平均速度为 10 米 / 秒。

爆发力

爆发力将力量与速度相结合，找到了力量和速度生成的关键交叉点。许多人错误地认为，训练爆发力意味着举起尽可能重的器械，这可能是由力量举这项运动的名称和该运动的原则所导致的误解。实际上，被举起的器械需要足够轻，训练者才能进行加速；使用药球和壶铃等较轻的器械进行奥林匹克举重以及做跳跃训练等都是训练爆发力的有效方法。一个强壮的人拥有经过良好训练的快缩型肌纤维和良好的力量基础，可以使其肌肉以非常快的速度收缩。

心肺功能

力量与体能训练领域可能对健康体能的某些组成要素不够重视，而心肺功能无疑是其中一个主要类别。一个人的最大摄氧量（或一个人的肌肉在训练时可以利用的氧量）、心输出量和每搏输出量等，都对其整体健康很重要，而提高这些指标最有效的方法之一是进行持续的有氧健身训练。

反应速度

你的反应速度会在生活的方方面面产生影响，比如在游泳比赛的出发台上对发令枪做出反应，对前方车辆因偏离线路、突然刹车而做出反应。能用来训练这种能力的负重训练是有限的。对于抗阻训练者来说，反应速度可能看起来不太重要，因为大多数举重运动都在一个更加追求控制和不太具有动态要求的环境中进行。然而，某些举重运动的变式，比如爆发力训练和奥林匹克举重，有赖于完成高质量动作的正确时机。在推举或挺举等运动中，要知道什么时候让身体和抓杠位置同步发力，要具备这种能力涉及对杠铃的行程和重量的一些反应。此外，在许多举重运动的离心阶段，快速反应能力有助于运动员控制杠铃下放到身体或地面。如果出现失误、手滑、时机不当的情况，快速反应能力有助于运动员预防受伤。

肌肉耐力

很多人常常将肌肉耐力与心肺功能混淆，因为有氧健身训练涉及利用肌肉耐力在长时间内保持运动。训练肌肉耐力会让肌肉在次要能量系统——糖酵解的作用下做功。肌肉的做功依赖于含氧的血液供应，与无氧训练（如短跑或快速伸缩复合训练）不同，后者依赖无氧代谢途径来提供能量，并且疲劳阈值会更早出现。能够使肌肉反复收缩是肌肉耐力良好的表现，我们日常生活的方式决定了我们身体的某些肌肉和结构会比其他部位更依赖肌肉耐力。

柔韧性

柔韧性指伸展肌肉组织以改变关节位置的能力，其作用在力量训练领域中可能被低估了，它并不是毫无用处的。随着年龄的增长，这种能力以及许多其他能力会变弱，因此柔韧性训练变得很重要。一块更强壮的肌肉可能能够进行更有力的收缩，但要将其转化为理想的运动能力，则取决于拮抗肌群打开对侧关节的伸展能力。实践中的具体做法是：仰卧，双手置于身体两侧，将一条腿尽可能地伸直抬起。这同时依赖于你的髋屈肌群和股直肌的收缩力量，以及同一条腿的腘绳肌和臀部肌肉的柔韧性。将这些因素结合起来，就很好地证明了主动髋屈曲动作可用于评估髋关节的灵活性。简而言之，缺乏柔韧性就意味着缺乏灵活性。缺乏灵活性，将为你未来难以避免的受伤或慢性疼痛埋下隐患。

身体成分

近来，与健康相关的体能已成为备受关注的热点之一。身体成分，特别是瘦肌肉与脂肪组织的比例，需要处于最佳范围才能保证身体长期处于健康状态。当然，这取决于某些特定因素，并且会因人而异，但无数研究表明，肥胖与糖尿病、高血压、脑卒中、心血管疾病等有联系。追求身体外形或围度的打造与追求改善健康体能的目标之间存在着微妙的平衡（要知道，身体成分是健康体能的一部分，在这种情况下，改善健康体能就是改善身体成分），而不是因为假定了心理上的平衡状态，就利用这种心态来逃避责任（例如以"追求外形和围度"为借口而忽视健康体能的发展）。追求健康体能的全面发展，并优先考虑个人最紧急、最迫切需要发展的方面，这一点非常重要。硬拉或深蹲等虽然都是很好的动作，但无法用于避免因高胆固醇水平、营养不良和缺乏有氧锻炼导致的心脏停搏。在美国，肥胖问题尚未得到解决，事实上，肥胖人群的数量正呈上升趋势。忽视健康问题的存在并不是解决日益严重的健康问题的途径。

敏捷性

能否利用快速的脚步技巧迅速改变方向，很大程度上取决于肌肉的收缩力量和结缔组织——牵涉到骨骼和肌肉关节的肌腱和韧带是否健康。较强的敏捷性意味着能够快速减速、快速转向，并在眨眼之间改变身体姿态。敏捷性结合了速度、力量和灵活性，而训练这一能力，要有不同于严格意义上的力量房矢状面训练的训练选择。诚然，通过经典的复合动作进行训练，人们可以变得更强壮，例如推举、深蹲、引体向上和硬拉等，这些动作虽然可以提高骨密度和力量，但对敏捷性的影响不大，因为这些动作都是在矢状面上进行的。走上足球场或橄榄球场，尝试前后跑、横向跑、跳跃和冲刺等运动模式，是锻炼敏捷性更好的方法。

平衡性

平衡性经常被直接与核心训练联系起来，这也是 2000 年代中期不稳定平面训练迅速发展，BOSU 球、摇摆板、瑞士球等成为时尚的健身器材的确切原因。平衡性确实涉及一些核心力量，但与直接的力量训练相比，平衡性训练更依赖于本体感觉和空间意识。随着一个人年龄的增长，肌肉骨骼系统不再像过去那样发挥作用，平衡性作为健康体能的一项内容也会受到影响。拥有良好的本体感觉意味着一个人对于他的肢体在空间中的位置有很好的掌控，而良好的平衡性基本上就是这种掌控的典型体现。想象一下，一名走钢索的表演者在 20 层楼高处进行表演，钢索在他的直线视野中，地面则高悬数百英尺（1 英尺约等于 0.30 米），这可能会严重影响一个人的视角和参照系。由于拥有良好的本体感觉，走钢索的表演者不会让这些因素干扰他稳定控制手臂和腿，以防止失去平衡、掉下钢索。

为了锻炼本体感觉（最终是平衡），你需要在不稳定的平面或受损的支撑基础上进行训练。然而，你无法在不稳定的平面上产生最大力量，否则运动员可能会在沙滩上而不是在平坦坚实的地面上，创造垂直纵跳和 40 码（约 36.58米）冲刺的纪录。因此，你需要将平衡性视为一项需要专门训练的身体素质，但传统的方法可能无法实现该目标。

协调性

平衡性与协调性密切相关，需要大脑和肌肉协同工作，想要成功实现这一点，意味着四肢要独立工作，特别是相对于躯干而言。大脑可以让手和脚执行不同的动作，让眼睛与四肢同步运动，这是进行大多数运动的基础。在举重时，协调性在一定程度上对于动作完成和安全性至关重要。协调性会在训练者移动身体或处理外部负荷（如篮球、足球，甚至负重的杠铃）时，存在于肢体之间。

你需要多强的力量？

力量训练是很有益的，它可以使人变得更强壮，但训练者如果花费过多时间专门进行力量训练，那么可能会阻碍其他健康体能组成要素的发展。当将力量训练作为重点时，其他 10 项健康体能组成要素中的几项可能会有一定的发展，但在多数情况下，这几项的水平可能会下降，因为它们不再受到训练者的关注。为发展某项健康体能组成要素，需要执行大量与目标相关的动作。在力量训练中，如果你所选的核心练习是肱二头肌弯举、提踵、器械飞鸟和肱三头肌下压，那么你不会有太大进展。力量由中枢神经系统控制，因此做具有可观负荷的复合动作是训练力量的明智方式。力量的产生涉及身体各关节相互协调工作，以产生来自整个身体的力量，因此我们通常认为深蹲、硬拉、推举、引体向上和卧推等练习是持续改善力量的明智选择。

当运动员的大部分训练量都用于做这些动作时，运动员可能就很少有时间进行其他辅助训练，更不用说训练其他健康体能组成要素了。长期进行过度的力量训练可能会抑制肌肉耐力、心肺功能和柔韧性等多项健康体能组成要素的发展。此外，专门进行以增强力量为目的的通常需要训练者大量进食，以达到热量盈余状态。要发展更多绝对力量需要具备更大的肌肉围度来移动更大的负荷——这也是为什么创造力量举最高纪录的运动员都是非常强壮的人，而不是像短跑运动员或体操运动员那样体型的人。因此，如果过度专注于力量训练，那么其他健康体能组成要素的发展往往会受到影响。

了解以上内容后，你应该铭记其中的关键信息——不要忽视为健康体能和对健康体能组成要素的整体训练而进行的更宏观、更广泛的训练范畴。在力量和体能训练领域，如果你只关注创造新的个人纪录而忽略体能的全面发展，那么二者就会失去平衡。并不仅仅是力量训练可以根据不同的体型进行定制和调整，体能训练（心肺训练，甚至是自重训练）可以因从更深入的角度审视生物力学而获益。

许多业余训练者的目标是塑形。与此类客户合作的教练则通常会为其提供更多侧重于功能表现而非美学角度的训练方案和指导。经典的"客户需要"和"客户想要"之间的两难处境，在力量和体能训练领域并不总是能被优雅地平衡，结果常常是教练和客户之间闹得不愉快。从审美角度看，身材的打造取决于训练者的体型。这可能意味着与其他身体部位相比，确实要花费更多时间用于某些身体部位的训练。在某些情况下，这可能意味着忽略某些受欢迎的练习，而在其他方面加强训练。四肢非常长、躯干较短的人与躯干较长、四肢较短且更为魁梧的人，无法用相同的方法和训练量来增加上臂围度。同样，手臂较长的举重运动员和手臂较短的举重运动员进行大量推举练习的结果存在显著差异。这将影响如何针对每种体型进行训练，才能使运动员的胸肌和肩部肌肉更强壮。

　　然而，当训练者面对新的训练方案，或者当教练为新的客户准备训练方案时，这些并不是易于"知道"的东西。因此，本书应该作为你在这些情况下的指南，从而让你为训练过程中遇到的任何问题做好准备。心理、情境、文化和社群因素都可能影响训练效果。由于举重训练领域确实有点分裂，因此在适当、健康、全面的健康体能组成要素之间寻求平衡时，可能会更加困难。训练者经常成为自身所处环境的产物，环境会影响他们最常使用的方法。进入一个力量举运动员经常光顾的健身房，可能会刺激训练者更频繁地进行主要复合动作的重量训练。而进入一个奥林匹克举重健身房，训练者则可能会尝试做更多的高拉和抓举动作。进入以健身操为主的工作室，可能意味着训练者的训练方案中会有更多自重训练和体操练习等。

　　每种训练方案都有其优点和缺点，所以训练者在健身过程中，应该保持开放的态度，接受不同的健身方法和思想。社群同辈带来的压力可能会让人误以为某种方法是最好的，这可能会使人们对差异性和多样性的思考变得狭隘。我们需要保持开放、多样的心态，去理解和重视健康体能的 11 项组成要素的重要性，以及力量训练、肌肉肥大训练和体能训练的目标之间的差异。同时，我们需要知道，从健康的角度来看，当力量训练超过了某个点后，可能不再具有显著的效果。针对不同的体型和目标，给予不同的关注度并采取不同的训练方法，是健身的一个重要思想。

第 2 章

运动中的常见体型

在某些体育运动中，拥有特定体型对运动员有利，因此具有相应体型的人往往倾向于选择那些能使他们发挥优势的运动项目。

例如，在需要垂直跳跃的运动中，身高通常是一个优势。篮球运动员通常很高，可以摸到 10 英尺（约 3.05 米）高的篮筐，较高的身高也使他们能更好地进行防守。排球运动员通常也很高，这有助于他们在更高的高度扣球和拦网。在橄榄球中，四分卫也需要有较高的身高，以便他们看到争球线前的情况。此外，在需要保持较低重心或较小体重的运动中，较矮的人似乎更有优势。

在体操比赛中，较矮的选手可能更具优势，因为他们可以更快地完成动作，并且更容易恢复平衡。赛马骑手需要身材小巧轻盈，这样他们的马匹便可以以最高速度奔跑。较矮的举重运动员也可能更有优势，因为负重行程更短。

手臂较短，对于体操这类运动也是一个优势，在十字支撑等动作中，运动员需要在环上以横向伸展的双臂支撑身体，较短的手臂意味着肩膀上的压力更小。

在讲究投掷速度的运动中，较长的上肢更为理想。例如，手臂较长的运动员在铁饼和铅球等项目上往往表现出色。此外，与躯干长度相比，腿长在需要快速、脚步敏捷和速率的运动中可能决定了步频的显著差异。足球前锋、橄榄球跑卫和橄榄球外线中锋都有同样的运动需求，即较高的步频和较小的步幅。杠杆（或者靠在支点上的肢体）越短，潜在的动作频率就越高——这对需要高动作频率的运动来说更具优势。

总体上，体型较大的人更适合作为大力士运动和高地运动会的运动员——一个更大、更重的身体通常能够使运动员承受更大的重量和搬运更大、更笨重的物体，如巨石。在相扑比赛中，运动员需要较大的力量才能将体重较大的对手推下相扑台。

　　在运动领域，人体似乎在过去半个世纪中进化得更适合精英级别的运动（并且更具排他性）。与 20 世纪 80 年代相比，奥运会女子体操运动员的平均身高已从 5 英尺 3 英寸（约 1.60 米）下降到 4 英尺 9 英寸（约 1.45 米），水球运动员的平均臂展增加，橄榄球跑卫和角卫的平均身高则降低了（Epstein，2013）。

　　这种变化趋势其实是有道理的。在任何精英级别的运动中，你都会看到一些反复出现的例子，这些例子展现了适合该运动要求的理想体型。这些身体特征，加上非凡的技能，通常是区分普通运动员和天才运动员的关键因素。尽管有一些例外，但实践表明，那些拥有适合其运动或运动位置的理想体型的运动员，要比那些不具备这种体型的运动员更容易取得成功。无论是哪种运动或体型，所有运动员都会通过在健身房中进行举重训练来提高他们的表现水平。这种训练旨在成为提高运动表现水平的工具。

　　但有时——无论是有意还是无意——训练本身就成为一项运动。当重点转向作为手段的举重训练本身时，或者运动员实际上参加以杠铃为基础器械的运动，如举重或力量举比赛时，类似的人体形态学研究可能会非常有启示性。很少有世界硬拉纪录保持者拥有相较于其他身体部位更短的手臂或躯干。同样，很少有获得奖牌或国际认可的举重运动员，属于外胚层体型，即相对于躯干长度有着较长四肢的体型。

　　在运动领域，无论是精英运动员还是普通大众，力量训练都是必须保持不变的事情。瘦高的篮球运动员、手臂较短的橄榄球跑卫和手臂较长的铁饼投手，都必须找到适合自己的力量训练方式，即使他们的体型使他们不是天生就适合进行力量训练。对于那些不了解如何规划训练方案的人来说，进行力量训练可能会带来一些问题和安全风险。

　　与普通人群中的训练者合作，他们会对这种个性化需求更加迫切。那些多年远离竞技体育（或从未接触过）的人，可能意味着拥有更少的运动感知意识，无法通过调整姿势或者重量等方式在重复练习之间或者组与组之间有效地进行运动调整。年龄、过去的损伤、技能水平（训练年限）等不可控的因素是关键因素。没有一种有利于在力量房内高效表现的体型，因此普通人必须明智地选择适合自己的练习、负荷和重复次数。私人教练或训练者应该认识到这一点，并进行深入思考。即使是中等水平的训练者——不是运动员，也不是竞技性训练者——也有他们想要实现的目标。当人们举重时，他们就在某种程度上与他们所举的重量竞争。为了实现最终的进步目标，任何可测量和可追踪的项目都需要提高举重效率。无论是深蹲、硬拉、举重还是核心锻炼，执行者都需要根据自己实际的体型、人体测量数据和杠杆作用来实现这种效率。

这反映了一个重要的真理，即不同的运动变式可能对身体有不同的要求，某些版本或动作的不同部分可能更适合某种特定体型而不是另一种体型。下面以 100 米短跑运动员为例进行讲解。自 1968 年以来的 10 位奥运会男子 100 米短跑冠军（不包括重复夺冠者）的身高存在一定差异，最常见的身高为 6 英尺 2 英寸（约 1.88 米），这些人中最矮的人的身高为 5 英尺 9 英寸（约 1.75 米），最高的人的身高为 6 英尺 5 英寸（约 1.96 米）（Top End Sports，2015）。

除了以时间取胜之外，个体在人体形态学方面的差异可能会导致每场比赛的获胜方式不同。奔跑速度是步幅和步频的综合表现。对于运动员来说，理想的情况是完美平衡这两项要素：如果一项要素占比过多，另一项要素占比过少，运动员就不会在 100 米短跑中获得较好的成绩。在本书重点介绍的精英小团体中，像卡尔·刘易斯（Carl Lewis）、林福德·克里斯蒂（Linford Christie）和尤塞恩·博尔特（Usain Bolt）这样身高较高的运动员，便因其步幅较大而以收官速度（选手在比赛最后阶段的速度）快闻名，尽管他们的起步较慢。由于短杠杆意味着更高的频率，像莫里斯·格林（Maurice Greene）这样的较矮的运动员能够通过更快地起步，在较早的时段达到最大速度，并在整个比赛中保持其最大速度。在相同的条件下，个人的体型自然而然地服务于比赛的不同阶段。100 米短跑冠军中确实存在一种常见的身高，这表明对于想要取得卓越表现的人来说，存在一种理想的体型，而那些身高不符合这一范围的人，可能需要以某种形式做出运动上的补偿，以达到相同的表现水平。

将这一点用在力量训练上，帮助训练者寻求表现改善，或者说取得精英表现——首先需要检查训练者的体型，看看他们的人体测量数据是否与某些动作相协调。为了达到更高的效率，也许需要对一种流行动作的标准版本进行改变，或者把重点转移到其他能够提高运动表现水平的训练领域。例如，身高为 5 英尺 9 英寸（约 1.75 米）的莫里斯·格林是一位 100 米短跑冠军，但他在 200 米跑比赛中并不那么占优势，因为 200 米跑比赛更注重步幅和对速度的维持。对于一名想要发挥自身优势的运动员来说，选择正确的重点可以与希望在健身房中充分发挥自己努力的训练者相提并论。这并不意味着完全忽略某些动作，但可能意味着在某些动作上花费的时间要比其他动作少，以达到改善表现、维持健康和安全的目的。

力量举运动员的目标是在取得最高机械效率的同时，以自身可能承受的最大重量完成 3 项主要运动：深蹲、硬拉和卧推。拥有较长上肢的卧推运动员需要完成更长的运动行程，因此需要付出更多力量。同样，腿部较长的深蹲者或手臂较短的硬拉者也会遇到相同的问题。CrossFit（一种起源于美国的健身训练体系，不强调孤立肌肉训练，而是以获得特定的运动能力为目标）运动员采用的是 "most, most, most" 的方法，即适用于大多数人、大多数时间、大多数情况的技术。这表明其目标是在所有项目中达到整体的最佳表现，而不是追求某个具体项目中的最佳个人表现。尽管精英 CrossFit 运动员的体型通常较为匀称，但是这种方法可以为许多人打开一扇门，他们的体型可能不符合达到某些体操项目精英表现所需的人体测量标准，但对于举重、跑步或游泳等项目则很合适。简而言之，某些体型的人在 CrossFit 的某些领域表现卓越，但在其他领域可能会存在一些劣势。

对于寻求塑形（或将健康体能提升至更高水平）的普通人来说，值得注意的是：运动即训练。首先明确目标是在某项运动中有卓越的表现，还是完成眼前特定的任务或活动。完成 500 磅（约 227 千克）的硬拉是为了实现这个目标本身，还是为了拥有健康的脊柱，从而在户外跑步或进行娱乐性体育运动时没有任何问题？对于这样的问题，诚实的回答将决定所追求的目标。

一个球探可以通过观察一个身材高大的年轻运动员，来判断他在篮球场或排球场上是否有较大的潜力。如果训练即运动，了解运动员的体型是否适合该项运动是明智的，而弄清楚如何确定运动员的体型是一个合适的起点。

一般来说，男性比女性更高。研究显示，美国成年男性的平均身高为 5 英尺 9 英寸（约 1.75 米）（Fryar，2018）。最近 5 届 CrossFit Games 的冠军的身高分别是 5 英尺 6 英寸（约 1.68 米）、5 英尺 9 英寸（约 1.75 米）、5 英尺 7 英寸（约 1.70 米）、5 英尺 11 英寸（约 1.80 米）和 5 英尺 7 英寸（约 1.70 米）。你所执教的运动员，其目标可能并非是争夺某些头衔，但这样的数据仍然很有参考价值——尤其是冠军的加冕使得很多动作开始得到重视，而其中的大部分都将在本书中被提及。考虑到这 5 位冠军的身高平均数恰好接近美国成年男性的平均身高，这无疑表明，相较于其他体型，平均的身体比例使训练者能够更高效和更容易地完成杠铃复合动作。一个身高为 6 英尺（约 1.83米）、臂展超过个人身高的训练者，必然属于高个子人群的范畴。

女性的平均身高约为 5 英尺 5 英寸（约 1.65 米）。如果以绝对身高来论，那么符合"高"这一标准的女性非常少。［一个身高 6 英尺（约 1.83 米）的女性可以说是高个子了，而身高 5 英尺 8 英寸（经 1.73 米）在女性中也算比较高的，前者比后者更为稀少。］由于 5 英尺 8 英寸（约 1.73 米）的身高仍符合平均绝对身高"高"的标准，因此在考虑举重效率时，有必要关注女性训练者的身体比例。一个身高为 5 英尺 8 英寸（约 1.73 米）的女性，其上下肢长度比例相较于身高为 6 英尺 1 英寸（约 1.85 米）的女性更协调，但在举重时会遇到与后者相同的挑战。实际上，同样比例的身高为 5 英尺 8 英寸（约 1.73 米）的男性也存在这样的情况。除了观察臂展与身高的比例外，还应该在同样的范围内考虑他们的腿部长度。从髋骨到脚，如果这部分长度占运动员身高的一半以上，那么他们的腿部比例更适合比他们高的人。如果这些因素同时存在，且身高超过 5 英尺 10 英寸（约 1.78 米），则该名运动员不仅属于高个子人群的范畴，而且可以在与身高更高的人进行相同的举重训练时，拥有杠杆优势。

较矮的举重训练者（按国际标准低于平均身高的举重训练者）可能不会遇到像长距离运动行程这样的问题，但是他们可能需要接受其他挑战，包括手脚较小或体重较小，这可能会对他们达到经典的力量标准产生限制。

运动训练：力量标准、1RM 百分比和体型偏好

在健身训练中，大多数人的目标是通过持续的举重训练变得更加强壮。在力量训练领域，普遍将力量标准作为衡量力量的指标。例如，当能够完成 2.5 倍体重的硬拉或 2 倍体重的深蹲时，可以认为自己已经达到精英水平。尽管力量训练有诸多好处，但视其没有风险或缺点是不明智的。我们不能像不存在副作用一样进行举重训练，或认为关节和结缔组织不会因承载大负荷而受到功能上的不利影响（尤其是对于那些非常强壮的人来说）。如果这不是现实，训练者将随着年龄的增长变得越来越强壮，而没有任何表现上的顶峰。力量训练只是健身的一部分，需要我们审慎对待。忽略其他训练原则或指标，忽视好的、健康的力量训练和产生收益递减的训练之间的界线，可能会使训练者受伤。

我们在某种程度上都是环境的产物。而制定力量标准的人之所以能够想出这些数字，是因为他们曾经与该领域的精英选手打过交道，或曾经就是其中的一员。因此，这里存在一些偏袒。

在体育界，足球运动员、力量举运动员、举重运动员、男子大力士和女子大力士努力追求这些力量标准时会直接受益，但将他们的力量标准应用于普通人时，就会出现脱节。这正是大多数 CrossFit 强人身高确实不足 6 英尺（约 1.83 米），但却具有平均长度的杠杆的原因。当你与时间赛跑时，动作效率至关重要。如果你的身体骨骼结构不适合举重，你在举重时将会遇到更多挫折，难以达到通用的举重标准。迄今为止，没有任何已知的力量标准考虑到了个体的体型和人体测量学特征的差异，现在是改变的时候了。

力量标准、训练方案和大多数健身建议通常会假定一个相对"干净"的健身者：没有受伤的经历，拥有理想的训练年龄，每天和每周有足够的时间投入训练方案中，适合训练而没有任何问题，并且有最具线性增益的体型。能从长腿、长臂和高重心中受益的运动并不多，因此，在以举重为基础的运动（如 CrossFit、举重和力量举）中，这种体型不会普遍存在于优秀的运动员中。

在个体体型的差异上，值得注意的是两种不同的力量：绝对力量和相对力量。绝对力量非常容易定义——一个人可以举起的重量。在力量举比赛中，赢家是拥有最大绝对力量的人。相对力量是通过力量与体重的比率来衡量的。同样是拉起 400 磅（约 181 千克）的重量，体重为 130 磅（约 59 千克）的人会比体重为 200 磅（约 91 千克）的人具有更大的相对力量。即使每个举重训练者拉起的重量相同，体重较小的训练者也能拉起比自身体重更大的重量。

这就是问题所在。如果将 2.5 倍体重的硬拉作为衡量力量水平的标准，实际进行训练的人的体重在平均范围内，那么这个标准就更有用了。尽管体型不同，相对于一个体重为 280 磅（约 127 千克）的举重运动员完成 700 磅（约 318 千克）［2.5×280 磅（约 127 千克）］的硬拉，体重为 180 磅（约 82 千克）的举重运动员完成 450 磅（约 204 千克）［2.5×180 磅（约 82 千克）］的硬拉似乎更容易。如果所讨论的体型被认为是精英表现中的特例，那么运动员可能需要进行心理转变，以理解某些标准可能不那么现实。就像假设大多数身高为 7 英尺（约 2.13 米）的人会成为奥运会 100 米短跑决赛选手，或者假设大多数手臂短且粗壮的人会成为顶尖橄榄球四分卫或篮球中锋一样，这些想法并不现实。

以上内容将帮助各种体型的训练者安全地增强他们的主要动作能力，训练者需要对其进行实际应用，这些内容并不是为精英运动员玩数字游戏所用的，这一点不容忽视。记住，要有全局观。如果普通人想增强力量，但在这一过程中受挫，就应该更仔细地检查自己的训练方案，看看自己是否在强行锻炼，或者是不是"在圆孔中插方木"。如果你是一个创建此类训练方案的教练，请优先检查这些训练方案的细节。

力量训练与安全：骨骼解剖学中的常见形态差异

如果基础水平的动作质量低下，即使所有训练方案中的练习都是正确的，那么针对特定体型的训练也是没什么意义的。任何教练都应该对新客户进行某种形式的检查性动作测试，以确定客户每个关节是否具有功能完整性和自由运动所需的灵活性。在给这些基础水平的动作增加负荷之前，必须首先解决为完成动作而产生的代偿行为。观察骨骼是第一步，我们因为没有可随身携带的移动 X 光机，所以要进行一些有根据的猜测。即使我们无法"看到"真实的情况，某些测试也可以使我们在不使用成像技术的情况下进行相对明智的猜测。

需要最大活动幅度的两个承重关节是肩和髋，两者都是球窝关节。仔细观察髋关节（图 1.1）可以看出，有些髋臼的关节间距更宽，而有些髋臼的关节间距更窄；有些髋臼更深，而有些髋臼则更浅（图 2.1）；有些髋臼面向前方，而有些髋臼面向下方。这些细节会影响举

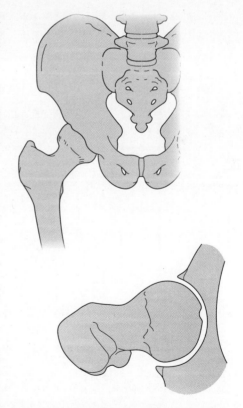

图 2.1 髋关节与髋臼和股骨头

重训练者在采用不同姿势时，达到完全髋关节屈曲的难易程度。

即使是半英寸（1 英寸 =2.54 厘米）的差异也可能对训练者的表现产生重大影响。例如，如果举重训练者的髋臼较深且朝下，根据基本的深蹲力学原理，其无法在末端范围内实现非常深的深蹲，除非脊柱弯曲或经历不舒适的髋关节挤压。股骨的构造——将大腿骨塞入髋臼以形成髋关节——增加了更多变量。股骨头应该很好地适配髋臼，但是连接股骨头和股骨干的股骨颈或长或短，相对于股骨干的角度也各异。因此，选择一种自然的站姿，对于深蹲和硬拉等动

测试髋关节的活动范围的髋部后推

为了测试正确的深蹲姿势，最好观察在骨盆和腰椎不动的情况下，髋关节的活动范围。采用四肢着地的姿势，双手、两侧膝盖和双脚分开至约与肩同宽。保持脊柱中立，重心慢慢向脚跟处移动，并在四肢着地的情况下模拟深蹲姿势（图 2.2），动作直到髋部屈曲或腰椎开始弯曲时停止。改变双脚和两侧膝盖的间距，重复测试。这一次，看弯曲发生的时间比之前早还是晚。继续用不同的双脚和两侧膝盖的间距重复测试，直到找到能够达到最大活动范围且受骨盆影响最小的间距。这个间距是一个很好的评估脚部站姿的指标，有助于运动员在深蹲时取得最佳成绩。将这个知识与恰当的灵活性训练相结合，可以显著提高运动表现水平。

图 2.2　髋部后推：a. 起始姿势，b. 完成姿势

作来说很重要，且要因具体情况而异。

一个举重训练者即使不断试错，若动作早期就出现髋部屈曲受阻的情况，则表明其髋臼可能并不适合进行许多基于髋部屈曲的动作。这些信息可以避免举重训练者在训练过程中经历挫败和慢性疼痛。这也将使他们明白，他们没有运动缺陷，而是受制于自己的骨骼结构，他们必须发挥自身的优势，这可能需要他们将注意力从流行的动作中转移开来。

另一个主要的球窝关节是肩关节（图2.3）。相比于髋关节，由于肩胛骨的关节窝凹陷更浅，所以肩关节更容易受伤。在某些方面，正确地运动肩关节尤为重要，因为肩关节的运动大部分取决于上背部结构的力量和运动质量。肩关节的结构比髋关节更加复杂，健康的肩关节运动基于胸椎和肩胛骨在手臂周围运动时的正常工作。

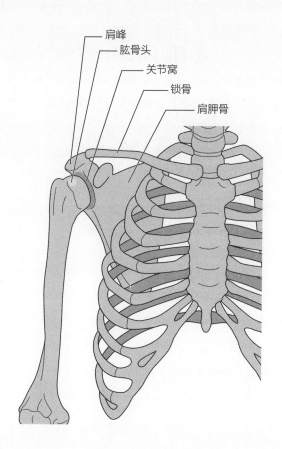

图2.3　肩关节

尝试这个动作：让举重训练者将一只手臂伸直并举过头顶（使肱二头肌靠近耳朵），观察他们的身体其他部位发生了什么变化，腰椎保持中立还是过度弯曲？手肘是否保持伸直？他们是否存在不适？接下来，让举重训练者弯腰，膝盖近乎伸直，用手触碰脚趾。他们不必保持脊柱平整，可以让其弯曲。当他们弯下身体时，观察他们的背部，看看大部分弯曲发生在哪里。背部是否形成平滑的隆起？腰部区域是否保持相对平坦，而中背部形成明显的弯曲？所有这些差异都可能对举重训练者的肩关节及其功能产生重大影响。

当肩关节的灵活性存在问题时，首先要观察胸椎。胸椎负责旋转、屈曲和伸展中背部，对于许多举重训练者来说，这个脊椎区域在至少一种动作中存在严重的功能障碍。当胸椎在屈曲或伸展方面受限时，可能会"锁住"肩胛骨，阻碍其在肋骨周围自由移动。当脊柱过度屈曲时，收缩肩胛骨和提起肋骨变得更加困难。在这种情况下，肩关节的上方活动度将受到限制。如果目标是将手放在头顶的特定位置，则需要采取代偿措施。在这种情况下，腰椎会大幅度弯曲以弥补运动行程的不足。结果是虚假的肩屈曲：肩关节只负责一定程度的屈曲，而腰椎的伸展协助完成其余的屈曲动作。这个问题很可能可以通过改善胸椎的功能，尤其是其伸展能力来解决。但与髋关节一样，其他变量可能会影响肩关节活动度，而训练动作可能无法完全解决这些问题。

肩关节结构由 4 个关键部位组成：关节窝、肩胛骨、肱骨头和锁骨。当然，许多肌腱、韧带、肌肉和滑囊通过关节连接，以驱动肩关节运动。锁骨和肩胛骨之间的关节（肩锁关节）值得特别关注，因为它的构造决定了肩关节的自由活动度。肩胛骨的骨突称为肩峰，有平直型、曲状型或钩状型等类型。

平直型肩峰留出了足够大的空间，以容纳潜在的滑囊、肌腱和肩袖肌肉。当手臂向上伸展时，骨头下面的空间会减小，但仍然非常易于控制，这使大多数过顶的运动在相同的条件下可以无痛进行。

平直型肩峰在经典动作中无须进行任何调整或特殊考虑，是最理想的肩关节结构。

曲状型肩峰会使软组织结构上的空间变小，因此可能需要对过顶动作的模式进行调整，从内旋握柄变成对握把（仅作为一个例子）。这种变化将肱骨头向后卷曲在锁骨后面，以释放更多空间，使运动更舒适且避免撞击风险。否则，该动作的性质可能不会受到影响；可直接在头顶上方执行举重动作，同时利用类似的调整方式，来追求负荷的逐渐增加。

钩状型肩峰会更麻烦，因为大多数过顶动作都会导致疼痛和撞击。即使进行手部位置的调整，在直接做头顶推举动作时，钩状型肩峰仍会让人感到不适，通常需要调整所有过头推举动作的模式，将角度更改为更有利于平滑、连续运动的角度，这样便不会对关节或周围组织造成损害。

类似于髋关节，在没有医生的影像检查的情况下，我们无法确定运动员的肩部类型。但是上述信息让你可以根据他们的表现，做出合理的猜测，同时揭示他们的骨骼结构是否适合进行某种类型的举重运动。同样，这些骨骼结构是无法改变的，是人们与生俱来的。这意味着他们必须找到最合理的调整、替代、去除或添加的方式，来保证无痛苦和无风险的训练，同时使自己仍然朝着目标前进。

当举重运动是以健身和健康为目的的休闲举重，且举重训练者的"职业"生涯长度是其一生的时候，我们有必要了解他们的身体如何运作，以采取必要的预防措施。

流行的健身文化会让你相信，忍受疼痛，或者对常见的举重方法进行调整，都应该被视为实际表现差的不良指标。这种文化本身就需要被消除。如果某种运动引起疼痛，那么训练者就应该停下来。如果通过调整和技术精度方面的反复试验，仍无法解决问题，那么这可能不是举重训练者的问题，而是其身体构造与某种运动模式的细节相冲突的迹象，此时训练者需要转而尝试其他运动模式。看到顶级运动员在努力训练，并使用"没有借口，走进来，爬出去"来定义他们的训练思想，这可能会激励人们。虽然这种心态在职业运动中普遍存在，但对于像德博拉（Deborah）这样的客户来说，这种思想无疑具有危害性。德博拉是一位 38 岁的单身母亲，承担着每周 45 小时的办公室工作，同时还要照顾一个 5 岁的孩子。

获得这些信息后，下一步自然而然是考虑动作原理在最流行的运动模式中的应用，以及如何将这些动作和运动模式与物理法则联系起来。事实上，我们如果仔细研究精英运动员的常见体型，并将其代入个人或客户层面，就会有所启示。健身者即使没有竞争的意愿，了解不同的身体结构的知识，也会对健身的选择产生巨大影响。普通健身者在健身房中的表现可能不像精英运动员的表现一样受到密切关注或进行分析，但解剖结构等因素，确实会对他们的极限，以及他们的锻炼是否无痛或费力，产生严重的影响。因此，从某种程度上来说，健身者在深入研究每项运动的技术细节之前，需要先了解基本的物理概念，以便更轻松地过渡到这个主题。这就是为什么我们为你准备了一些科学课程，以帮助你了解身体作为生物力学机器的运作方式，然后再深入研究举重训练本身。

第 3 章

基本运动模式介绍

当涉及健身和训练时，如果出现"fundamental"这个词语，大多数人通常会想到基本、入门和基础。这是一个关联术语的好方法，因为有目的和以结果为导向的训练，需要先建立基本原则，然后再逐步进阶。

这些运动模式正是为了建立基础而存在的。它们强调运动物理学，帮助举重训练者了解良好的生物力学机制依赖于多个关节的适当协调，这些关节需要有良好的灵活性，并且每块做功肌肉需要都为动作作出贡献。想要理解这些模式首先要了解这一点：改善健康和运动表现的训练重点在于关注动作，而不是肌肉。

这一点值得深入探讨。例如，许多人会将普通的举重训练与目标肌肉联系起来，而不管运动的幅度大小（例如，认为卧推是胸肌锻炼）。同样，他们可能会在看到过顶推举动作时想到肩膀周围的肌肉。事实上，这些确实是各自模式中主要涉及的肌肉，但是这种思维模式是非常单一和孤立的。受孤立训练、以身材和美容为导向的训练以及健美健体比赛文化（尤其是前几十年的）的影响，训练者往往会形成这种思维。

相反，更好的思维是将负重训练理解为一种为动作增加负荷的方法，而不仅仅是移动重量。这种思维上的调整将负重训练带回我们的初衷：复制我们在日常生活中做的动作，以便在做这些动作的过程中变得更好、更高效和更强壮。良好地执行动作，有助于举重训练者保持健康，抵御与该运动或涉及结构复合体相关的创伤。

运动模式可分为以下类别。

· 铰链运动模式

· 深蹲模式

· 推模式

· 拉模式

· 搬运模式

搬运模式是最简单的运动模式，因此本章不会单独讨论，但其他模式将在后面详细介绍。在对训练进行详细分类前，理解以下这些概念也非常重要。

运动的规则和原则

好的教练在教授、指导训练以及给出运动提示时，能够理解运动的规则和原则之间的区别。换句话说，举重训练者要想实现安全、高质量的举重模式，必须建立几个基本原则和预期，这些是每位健身专业人士都应该赞同的改善健康的运动宗旨。这包括被原则引导的观念，受规则引导的观念更加死板，没有根据个案进行个体化调整的余地。事实上，让训练者适应多样性，摆脱这种非黑即白的思维，正是本书的核心。然而，更具体的是，当涉及"如何"成功执行举重动作时，没有适用于所有人的方法，有许多方法可以在不放弃原则的前提下调整规则。

当一名棒球手执行投掷棒球或挥动球棒的动作时，投掷棒球的原则包括从腿部产生力量（特别是由后腿推动），采用上手投掷，并用手指握住棒球而不是用手掌；挥动球棒的原则包括通过腿部发力，驱动髋部转动，躯干完全旋转，并始终保持头部正对前方，眼睛聚焦于球。当然，所有棒球教练都会同意这些原则，同时意识到棒球手的手臂释放角度会有所不同。同样，以"Stretch"姿势投球和以"Windup"姿势投球之间的舒适度（和决定）也会有所不同。同样，棒球手采用开立或并脚的站立姿势、使用较重或较轻的球棒、用两只手或一只手挥棒、使用高抬腿或低抬腿的姿势来挥棒等都取决于棒球手的个体差异。以上例子展示了需求更加灵活、尊重执行原则的情况。举重也是如此：很少有什么东西是固定的。在试图与高效、安全、高质量的举重动作所遵循的物理定律对抗时，训练者只会流失力量和降低功率，还会有受伤的风险。

仔细观察脊柱

你可以把脊柱看作每个运动模式的任务控制中心。原因是所有主要举重动作的潜在目标，以及许多主要肌肉参与举重动作的目的，都是保护脊柱及其在塑造健康的身体中所扮演的重要角色。脊柱由 3 个区域组成：颈椎区域由 7 块椎骨组成，胸椎区域由 12 块椎骨组成，腰椎区域由 5 块椎骨组成（图 3.1）。每个区域针对旋转、伸展和弯曲（横向和矢状面）具有不同的能力和任务。

脊柱更加符合控制中心的定义，因为它包裹着脊髓，脊髓直接与大脑相连，而连接和支配肌肉组织的神经从脊髓中分支出来。简而言之，举重训练者的功能和爆发力等都依赖于脊柱的功能正常，而举重训练者想要高效地执行复合动作，则需要脊柱在负荷下保持正确的位置。

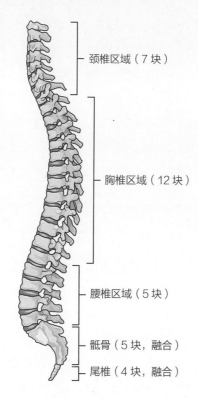

颈椎区域（7 块）

胸椎区域（12 块）

腰椎区域（5 块）

骶骨（5 块，融合）

尾椎（4 块，融合）

图 3.1　脊柱与椎骨组

屈曲、中立和伸展状态

为了让我们的理解保持一致，最好从定义每种脊柱姿势开始。屈曲的脊柱是指脊椎的各个部分倾斜，以适应圆形或向前弯曲的姿势。让某人在保持膝盖伸直的前提下用手触碰脚趾，脊柱就会屈曲，特别是腰椎区域。在大多数情况下，中立的脊柱是最理想的，脊椎基本上成一条直线，形成一个非常牢固的核心和起良好支撑作用的轴骨骼。伸展的脊柱是指脊椎的各个部分倾斜，以适应向后倾斜或弓形姿势。对于大多数人来说，这最容易在腰椎区域实现，因为腰椎区域具有天然的前凸曲线或天然呈弓形。

在几乎所有情况下，不建议举重训练者以脊柱屈曲的方式进行复合动作。这并不意味着一旦发生这种情况就一定会受伤，但确实意味着受伤的可能性会增加。举重训练者或教练很容易陷入成为技术派的泥潭，不允许任何形式上的不规则性。虽然这可能会保证客户的安全，但也可能会阻碍他们进行"磨炼"——进行大量的重复练习并坚信他们通过努力学习掌握的技术。在职业生涯（和自己的训练时间）中，可以找到平衡"磨炼"和非安全运动的方法。尽管本书不鼓励1次重复最大值（1RM）在一般人群中的过度使用，但对于寻求在3M（3次最大重复次数）、5M（5次最大重复次数）甚至8M（8次最大重复次数）范围内增强力量的人来说，坚持刻苦训练和注重完美无瑕的技术和姿势的原则仍然非常关键，特别是在达到新的重复次数最大值时，这可能意味着最后一次动作出现了变形。

中立位

大多数举重运动的理想状态应该是保持脊柱中立，因为这样能够最大程度地促进脊柱前后两侧肌肉的参与。记住：臀肌和腘绳肌是驱动骨盆向后倾斜的肌肉，因为它们的收缩方向是向下的。下腹部肌肉从身体前侧向上收缩，这意味着当这些肌肉缩短时，它们与臀肌和腘绳肌协调作用，共同造成骨盆后倾。在负重运动期间，保持这些肌肉的参与和紧张是很明智的，因为它们将支持举起物体。话虽如此，但了解骨盆后倾（图3.2）如何作用于脊柱仍然很重要。

通常，一根健康的脊柱从侧面看是轻微弯曲的，这意味着腰椎区域略微前凸（伸展）。在臀肌、腘绳肌和下腹部肌肉共同收缩时，后倾的骨盆会抵消腰椎区域的伸展，使脊柱处于中立位——这是一个非常理想的进行垂直推拉的起始位置。

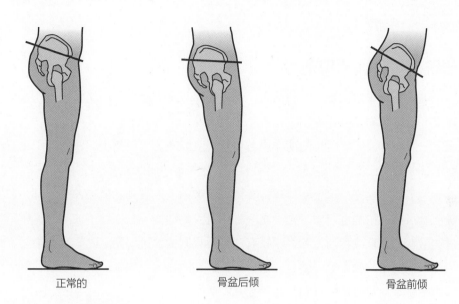

正常的　　　　　　　　骨盆后倾　　　　　　　　骨盆前倾

图 3.2　骨盆倾斜的示例

过度伸展的脊柱在承受负荷时可能会增加受伤的风险，若动作的力量角度与脊柱的伸展不协调，这也不是理想的。脊柱伸展引起的压迫可能与脊柱屈曲引起的压迫一样容易发生，这进一步强调了脊柱中立的重要性。压迫最常见于垂直负重时，即承受重量的站立练习。在深蹲、推举或硬拉这样的站立练习中，负荷会对脊柱施加向下的压力，当脊柱不能保持中立（即屈曲或伸展）时，这种压力会加剧，椎间盘会因为承载负荷和椎骨错位而被挤压，这最终会导致椎间盘突出。脊柱受压的区域将夹住椎间盘并使其向椎体更开放的一侧凸出，这会给举重训练者带来非常明显的疼痛感。

模式一：铰链运动模式

以髋关节为主导的运动模式称为铰链运动模式，该运动模式的主要支点是髋关节。身体在髋部折叠，以利用涉及的肌肉进行举重动作，当髋关节是旋转轴时，后链肌肉（身体背面的肌肉）会成为训练重点，可以使脊柱保持中立。臀肌、腘绳肌和竖脊肌是铰链运动模式中最重要和突出的肌群。当谈到铰链运动模式时，我们自然会想到硬拉及其变式。下面我们将讨论硬拉最基本的形式：传统硬拉。

传统硬拉：训练原则

传统硬拉非常简单，步骤简短：手握杠铃，直立起来。但是，该动作执行起来可能并不像听起来那么简单。

一般而言，传统硬拉的动作准备包括：双脚在手臂内侧（即双脚间距比肩宽更窄）站立，双手在小腿外侧握住杠铃，髋关节的屈曲程度超过膝盖。

为了成功地完成这个动作，需要更加注意细节。首先，值得注意的是，在任何垂直推或拉的练习中（硬拉是一种垂直拉的动作），杠铃（或其他器械）需要沿着一条直线运动，路径上没有任何不规则的轨迹。两点之间直线最短，想要保证运动的效率就需要遵守这个原则。在遵循这个原则的前提下，训练者要做的就是顺着杠铃的直线运动路径完成动作。

起始姿势

双脚平放在地面上，不应成"内八字"形态，也不应使脚跟离地。足间距因人而异，重要的是要与双膝的间距和髋部的宽度一致。膝关节不应内扣，否则会导致力量流失，并对膝关节内侧结构造成不必要的关节压力。杠铃应该靠近身体，因为在顶部时它将紧贴身体（这样做有助于形成理想的直线轨迹），理想情况下，杠铃应位于脚中央的上方。双手应在小腿外侧均匀地握杠，训练者应避免小腿和手之间留出巨大间隙，否则会增加拉动距离，阻碍最佳力量分配。为了优化动作的直线轨迹和杠铃的移动路径，小腿应与地面垂直，并尽可能保持角度不变，以免膝盖或小腿妨碍杠铃沿着身体向上移动到顶部。

脊柱位置

脊柱应保持轻度伸展的姿势，这一点非常重要。当有人的脊柱难以呈恰当的姿态并处于屈曲位置时，这通常说明他们缺乏柔韧性或灵活性（或两者兼备），这个问题需要加以解决。不解决这个问题意味着在负重状态下，椎骨将改变位置，从而增加受伤的风险，这也违背了使用髋关节作为支点的铰链运动模式的理念。在训练者接近动作末端时，为了站直，脊柱需要向后伸展，但这种状态并不理想。同样，以脊柱保持中立的姿势开始可能是可行的，但是要考虑到一旦动作开始，杠铃离开地面，此时重力会产生什么影响。特别是在负荷很大的情况下，结果通常是脊柱在动作早期就进入了屈曲状态（即使是轻微屈曲）。

教练们经常忽视的是训练者的颈部姿势。颈椎是脊柱的一部分，也需要保持中立，这意味着训练者不应抬头看向天花板，而应向下看着杠铃前方的地面。这通常被称为"颈部固定"，它能确保颈椎不会伸展，也不会产生压迫椎间盘的风险。

动作执行

训练者双手握住杠铃，必须创造张力，使施加的力量在正确的位置和时间产生作用。普遍的经验法则是避免猛地把杠铃拉起来，否则会导致能量损失和失去张力。这个动作应以脊柱略微伸展、胸部挺起、双手均匀且牢固地握住杠铃的姿势收尾。髋关节应该是屈曲的，并且比膝关节屈曲的角度更大，头部应该保持竖直（与脊柱一致）。脚要平放，与膝盖方向保持一致，脚趾朝前（或者稍微向外）。

从生物力学的角度来看，动作的执行需要身体肌肉之间进行大量的协调活动。腘绳肌和臀肌的向下收缩，决定了由哪些肌群控制骨盆，这是在最初阶段将杠铃拉离地面的关键。从最大屈髋位开始，下背部的肌肉要收紧并保持紧绷状态，为动作执行创造一个伸展的腰椎。如果这些肌肉没有这么工作，那么在拉起杠铃之前，背部会变圆。结果就是臀肌和腘绳肌长度缩短，骨盆进一步后倾，放大圆背这一技术缺陷。在预备姿势和开始阶段保持下背部肌肉绷紧的状态，是对骨盆和盆部的位置进行最佳控制的方法，这样可以避免骨盆过早出现不必要的后倾。

随着硬拉动作的进行，杠铃离地面的距离越来越远，对骨盆的控制将逐渐转交给臀肌和腘绳肌。由于躯干角度和髋关节屈曲的程度，下背部肌肉在脊柱前倾的情况下，只需要较少的做功即可使脊柱从弯曲状态恢复为中立状态。现在，臀肌和腘绳肌将承担后倾骨盆的任务，并防止腰椎过度伸展。当训练者无法正确做到这一点时，你会看到他们在完成动作时会过度拱起背部并向后倾斜，而不是在臀肌紧绷时呈现出强健、直立的姿势。

至于上半身的其余部分，应保持正确的竖直姿势，肩胛骨应略微缩回。菱形肌和斜方肌上束和下束等肌肉一般以等长收缩的方式做功，但背阔肌不是，尽管它常常被误解为以这种方式工作。因为在硬拉动作的开始与结束时，手臂相对于躯干的肩部屈曲程度不同（即手臂从屈曲位移动到伸展位），所以背阔肌会缩短。手中的负重会使得训练者很难意识到肩部负重伸展的动作，因为硬拉的力线角度并不会直接对这种动作产生负荷，但这的确发生了。

这表明，在硬拉的向心和离心两个阶段，背阔肌需要保持收紧和紧绷，这是另一个容易泄力的棘手区域。在向上拉起杠铃的过程中，应该收紧腹部，这意味着要在胃部含气，并收缩核心肌群，以保护脊柱和支撑中间区域。在杠铃接近动作的顶部时，应该呼气，膝盖和髋部完全伸展，呈现出较高的站立姿态。

完成姿势

在硬拉的离心阶段，即将杠铃放回地面，基本上涉及与向心阶段相同的步骤，只是要相反地进行。在杠铃沿着直线向下移动时，训练者最好保持下背部、腘绳肌、臀肌和背阔肌的紧张状态。当杠铃沿着大腿自行下降时，推动髋部和臀部向后移动，将确保杠铃移动呈直线轨迹。小腿需要与地面保持垂直，以便膝盖不会阻碍杠铃向下移动。因此，在杠铃向下经过膝关节时，考虑"坐下"或强调膝盖弯曲是明智的。需要明确的是，在杠铃下降的最初阶段（从髋部到膝盖），膝盖将略微弯曲。但是，当杠铃从膝盖下降到地面时，膝盖将弯曲得更多，并且如果需要的话，小腿与地面之间的角度也会发生变化。

握杠

最后需要讨论的要点是硬拉时的握杠方式。在传统硬拉中，最可靠的安全握法是双手正握，也就是掌心向后紧紧握住杠铃，指关节指向身体外侧（图3.3a）。杠铃不应该放在手指上，而应更靠近手掌，拇指放在手指上面而不是收进去。

一些训练者（和教练）鼓励使用混合握（正反握）——一只手掌心朝前，另一只手掌心朝后（图3.3b）。这种握法无疑会增强握力，因为在相对的方向上产生了牵引力，但这种握法除了可以使训练者通过增加实际硬拉时的重量来增强力量之外，对身体健康几乎没有什么帮助。如果你在视频平台上看过一些受伤视频，你会注意到，一些不幸经历过肱二头肌肌腱断裂的采用混合握的硬拉运动员，其受伤部位往往在掌心朝前（反握）的手臂上。使用混合握抬起杠铃时，要求在一侧肩膀内旋的同时，外旋另一侧肩膀。可以理解为，虽然混合握有助于提高硬拉的绝对力量，但这种有意的不平衡可能会在身体中引发其他的不平衡。有的训练者可能足够强健，能够掩盖这种不平衡的存在。

　　混合握通常不是教授给初学者的，它更适合冲击大重量的成熟运动员。使用混合握时，从空杆的第一次热身开始，就引入了一个有意的不平衡或不对称，而这可能造成急性损伤或慢慢发展成令人烦恼的慢性疼痛问题。

图 3.3　杠铃硬拉：a. 双手正握，b. 混合握

模式二：深蹲模式

简单来看，深蹲模式可能会与铰链运动模式混淆，但事实上二者有很大区别。铰链运动模式的关键是以髋关节为支点，深蹲模式虽强调类似的起始姿势（如全脚掌着地和脊柱中立），但同时鼓励膝关节达到最大程度的屈曲，使膝关节成为主要支点。这种变化使肌肉参与从近乎完全作用于后链，转移到了其他位置。主要的膝伸肌是股四头肌，其在深蹲模式中的作用，使得髋部下降得比典型的铰链运动模式更深。从铰链运动模式转换为深蹲模式的另一个关键结果是对腘绳肌所产生的张力差异（Wright et al., 1999）。这些几何变化使得腘绳肌更松弛，因为腘绳肌的起止点不必相距很远才能发生"臀部后移"。举个例子：一名腘绳肌拉伤的运动员会发现自己蹲下比弯腰要容易，因为后者会给该肌群带来更高的牵拉程度。与此同时，相比于铰链运动模式，下蹲时股四头肌的参与度更高，这也使得下蹲更容易进行。

颈后杠铃深蹲：训练原则

在众多的深蹲变式中，最受欢迎、最常用的是颈后杠铃深蹲。这种深蹲（以及任何深蹲）采用的是一种垂直推的模式，负荷是通过训练者将力量施加在地面上而被抬起的。垂直方向的负荷需要在直线上移动，以获得最佳效率，深蹲模式符合该标准。同样，身体必须顺应这个竖直的杠铃移动路径，以成功推起负荷。在这个过程中应注意安全。

起始姿势

起始姿势中的脚部姿势在很大限度上取决于个体的解剖结构。训练者应找到一个最利于安全、能进行最大范围运动的足间距，可以通过像髋部后推（见22页）这样的练习来确定个人的足间距。幸运的是，大多数教练逐渐避免做出鼓励每个人选择与肩同宽的站姿这样一种标准化的指导，并认识到个性化的需要。

因此，指导提示通常已经调整为"选择最适合你的站姿"。此外，脚的角度也需要根据个体情况进行调整，尽管通常的建议是保持脚趾稍微向外（图3.4a）。在起始姿势中，最重要的是膝盖应与脚趾指向同一方向，这一点不容置疑。不仅是预备姿势，在整个动作过程中也要如此（图 3.4b）。如果运动员没有良好的足部稳定性或有足弓下陷的问题，这可能对运动员来说会很困难。或者，运动员需要强化支撑膝盖周围结构的肌肉（如内收肌或股四头肌内侧肌群）。

虽然杠铃放在背上，但它需要位于脚中央的上方，将脚分成前半部分和后半部分。在承受较大的负荷时，身体会自然地呈现出一种能够保持平衡的姿势，以免向后跌倒或向前倾倒。这意味着在起始位置髋关节需要轻微地屈曲，否则杠铃可能会偏离中心，甚至滚落下来。奥林匹克举重界更喜欢将杠铃放在斜方肌上（称为高位杠铃位置）；然而，力量举界倾向于将杠铃放在靠近肩胛骨和三角肌后束的位置（称为低位杠铃位置）。然而，对于普通人来说，常用

图 3.4　颈后杠铃深蹲：a. 起始位置，b. 完成位置

的方法是选择一个介于二者之间的杠铃位置。当训练者挺胸收肩，肩胛骨收紧，斜方肌形成了一个肌肉架（图3.5）时，将双手放在杠铃上，宽于肩膀宽度，肘部稍微向后抬起几度，这使得杠铃有了一个舒适的放置位置。

图 3.5　通过肩胛骨后收形成的斜方肌肌肉架

双手握成拳可以在杠铃上产生强大的张力（最好强调向外），这有助于紧绷的上背部参与运动并使训练者准备好蹲下。与硬拉一样，头部应保持中立，即与脊柱的其余部分保持在一条线上，并朝向身体前方几英尺（1英尺约等于0.30米）的地面。

动作执行

颈后杠铃深蹲的起始动作是以离心收缩开始的，同时屈膝和屈髋让身体向下移动，而不是过度前倾身体或过度屈膝，抬高脚跟，使膝盖和股四头肌过载。当身体下降时，胸部保持高挺，以保证脊柱平直，膝盖保持打开状态，与脚趾朝向一致（图3.4b），这会为髋部向下运动创造空间。理想情况下，训练者应具备良好的灵活性，可以做到髋部向下移动至膝盖以下位置，脚跟保持平放在地面上，且杠铃在空间中保持在脚中央的上方。

颈后杠铃深蹲的离心下降阶段应该要有控制地进行，杠铃不要直接掉到底部位置，这很容易使肌肉失去张力，肌肉失去张力后会减少对重要关节（如膝关节、髋关节和脊柱骶髂关节）的支持。此外，杠铃下降的速度更快，肌肉就需要更努力、更快速地收缩，以改变重量的方向并开始转入向心阶段的动作。重力的存在会让训练者感觉杠铃比实际更重。在下蹲过程中，腹部应该保持收紧，这意味着训练者要吸气，使腹部充满空气，并收紧核心肌群，以保护脊柱并支撑中间区域。向地面用力蹬踩，同时尽量保持上半身挺直，是从"低点"恢复站立姿势的关键。这有助于收紧臀肌并保持膝盖和脚趾的朝向一致。训练者应该在接近顶部的时候放松呼气，深蹲动作完成时，双膝完全伸展，髋关节近乎完全伸展。

随着运动的进行，膝关节和髋关节同时屈曲，臀部会稍稍向后"坐"。将此比喻为坐在椅子上是常用的一种方法，能够帮助训练者理解动作的重点和机械原理。人体测量学的差异会决定哪些指导提示适用于哪些人，个体解剖学决定了是哪种生物力学机制使负荷被举起。

脊柱位置

许多教练会告诫训练者注意不要在深蹲底部出现"臀部眨眼"现象，即下降到更深的深度（甚至有时候是较浅的深度，这要取决于训练者的灵活性），因为这会引起骨盆的"收缩"，使得训练者在接近底部时出现骨盆后倾。在深蹲底部或进行其他运动时，腰椎可以处于以下 3 个位置之一：伸展、中立或屈曲（图 3.6）。

在屈曲腰椎的情况下承载重负，甚至是相对较轻的重量，无疑是危险的。然而，许多形态控制者和健身专家一看到深蹲底部的任何脊柱变化就开始感到不安，他们虽然出发点通常是好的，但有时候可能会反应过度，比如当实际情况是更接近中立位时，他们很容易将其认为是"屈曲"。

用中立的脊柱负载是安全和理想的，而且不会影响训练者发挥力量。为了使脊柱从伸展变为中立，一定程度的"臀部眨眼"是有必要的。

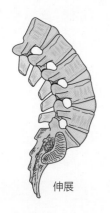

伸展　　中立　　屈曲

图 3.6　腰椎曲度的 3 种类型：伸展、中立和屈曲

不了解这一点的训练者通常会提前停止动作，声称他们正在保护他们的腰椎，即使他们只是进入了中立位，并且放弃了在平行线以下的大量可用运动范围。由于颈后杠铃深蹲的动作要求，出现一些"臀部眨眼"的情况是正常的，因为对于大多数训练者来说，脊柱在动作开始时处于稍微伸展的状态。注意观察任何奥林匹克举重运动员或任何使用全幅度深蹲的运动员，你会看到他们的脊柱会在深蹲底部进入中立位。重要的是，我们要认识到"臀部眨眼"是可以接受的。然而，当脊柱处于屈曲位时，这对下背部及其节段而言就意味着麻烦了。

在进行深蹲时，应达到尽可能深的深度，这使训练者可以根据需要自由选择所要蹲的深度。如果训练者重视所有的这些细节，那就是一个良好的开端。

模式三：推模式

推（或压）的动作几乎可以在无限数量的角度下进行，因为它需要肩关节的参与，肩关节是球窝关节，由于其结构特性，它是身体中最灵活的关节。然而，由于肩关节的极端灵活性和复杂性，再加上我们在生活中几乎做任何事情都离不开手臂的参与，因此肩关节相对容易受伤（Quillen et al., 2004）。

推是复合动作，需要肩部、胸部和肱三头肌协同完成。大多数推式动作也需要手腕的稳定性和力量。推通常也需要身体其他部位大量做功，例如在推举和挺举中，下肢的重要性就很强。

推可以通过角度的变化强化肩部复合结构，当然，恰当的动作形式是最小化受伤风险的关键。在多个角度对肩部进行训练是极其有益的，可以使肩部复合结构保持强壮、稳定，不容易受伤。在本书中，我们将卧推视为水平推，将军事推举视为垂直推。

卧推：训练原则

卧推通常被认为是健身房力量训练的代表。你或许听过这个耳熟能详的问题："嘿，你可以卧推多少重量？"虽然关于力量表现的顶峰或极限仍然存在争议，但可以公正地说，卧推是一种极为有效的训练手段，它可以超负荷训练胸部肌肉，显著促进上半身的力量强化和肌肉肥大。

在执行这个看似简单的动作时，有很多微妙之处。例如，进行卧推时，是否应该像力量举运动员一样弯曲脊椎（弓背）（图 3.7a），或者像健美运动员一样保持平背（图 3.7b），这方面存在很多争议。

目前没有令人信服的证据可以证明弓背卧推比平背卧推更具优势，也很少有研究探讨二者之间的差异。一项研究发现，进行 1RM 测试时，两种方法没有区别（Garcia-Ramos et al., 2021）。另一项研究指出，弓背卧推可减少约

图 3.7　弓背与平背卧推对比：a. 弓背卧推，b. 平背卧推

11% 的垂直位移距离，以及约 20% 的杠铃到肩胛骨的力矩臂长度（Pinto et al., 2021）。

弓背卧推的一个特点是，它缩短了杠铃的行程，因为训练者胸部的高度比平背卧推时要高得多，这可能会使训练者能够推起比平背卧推更重的重量［如果加西亚 - 拉莫斯（Garcia-Ramos）的研究结果成立，这并非必然］。在比赛或以推起最大重量为目标时，弓背卧推可能具有优势。然而，使用弓背卧推时，训练者主要会增强在杠铃被推起的行程内的力量。训练者如果要增加更大范围内的力量，可能更适合选择弓背幅度较小的卧推或平背卧推。

通过肩部后收（肩胛骨向背部中间夹）来适度弓背，可以为卧推提供更稳定的支撑基础，同时也有助于防止肩部前倾，并使背阔肌参与进来，以实现重量更大、更安全的卧推。但训练者不要将肩胛骨过度夹紧。两侧肩膀应该尽可能沿着脊柱向下拉（靠近背部），略微向彼此倾斜。

在卧推训练中，常见的观点是动作始于双脚。换句话说，在从胸部推杠铃时，利用腿部驱动，将脚踩在地面上蹬地发力，这对于实现最佳推举非常重要。腿部力量是影响卧推的另一项要素，但目前并没有太多相关研究。一项研究发现，在对大学年龄段的男性健身爱好者进行 5 周的腿部驱动式卧推训练后，其 1RM 的增长与标准卧推相当（Gardner et al., 2021）。该研究的作者得出结论，训练者应该自行决定哪种方法最适合他们（这对大多数动作来说，都是相当好的建议）。

在卧推中确实有一些原则是正确的。为了使动作效率最高，杠铃在被推起时，应该尽可能在垂直方向上沿直线移动，这是从推举底部到推举顶部的最短距离，从而可以使杠铃的运动时间更短（训练者做功也更少）。尽管如此，肩关节并不适合完全垂直的杠铃移动轨迹。卧推时的杠铃移动轨迹通常会呈现轻微的 J 形，杠铃在被向上推起前会向先后移动一点。理想情况下，训练者会在最短的时间内将杠铃推起，并将其置于肩膀上方。令人惊讶的是，误判杠铃的终点是非常容易发生的——很多训练者最终会让杠铃停留在脸部或腹部上方的某个位置。在推举过程中注意一个点会有所帮助：就是要将杠铃瞄准某个点，最方便的就是可以在训练中瞄准教练的手。

起始姿势

在卧推的底部，杠铃应该始终碰触到胸部的某个位置。通常是将杠铃对准剑突，有些训练者喜欢从乳头连线的中胸部开始推举，而其他人则喜欢使用不同的触点。触点会根据杠杆长度、训练者的弓背程度和握距而有所不同，训练者可能需要进行一些尝试才能找到适合自身的最佳触点。无论偏好的触点在哪里，杠铃在推举过程中都不应该在触点位置弹起或沉在胸部，它只应在那里瞬间停留，然后被推举起来。

动作执行

无论采用平背还是弓背姿势，整个卧推过程中，训练者始终应该与卧椅保持三点接触：在杠铃离开支架并由训练者握持时，训练者的臀部、上背部、头部都不应该抬起并离开卧椅。一些力量举协会允许卧推时抬起头部，但也有许多协会不允许这样做，训练者最好遵循自己所在协会的规定。如果训练者打算参加比赛，了解比赛的规则是必要的。

在整个卧推过程中，手腕应尽可能保持垂直。一些训练者选择佩戴护腕来辅助保持手腕垂直。理想情况下，训练者的前臂也应尽可能与天花板保持垂直，这样手臂在动作终点位置就可以与天花板保持垂直。

卧推的握距是由个人选择的，取决于训练者握在哪里时感觉最有力和最安全。力量训练者通常使用理论上的最宽握距，以缩短杠铃的移动路径，从而使推举重量最大化。对于大多数训练者来说，采用略宽于肩宽的握距，同时保持肩部处于相对稳定、舒适的位置，应该可以为其提供一定的负重优势。

显然，针对特定的训练者和特定的目的，和卧推相关的很多因素都可以进行调整，以优化卧推动作。如果在卧推过程中感觉稳定、安全和有力，这一般意味着训练者可能已经找到了适合自己的方法。一位好的教练可以帮助训练者微调这些变量，以达到该训练者的目标。

军事推举：训练原则

过顶推举是一项重要的训练，可用于增加上半身的力量、肌肉量和爆发力。过顶推举动作在奥林匹克举重运动员和大力士中很常见，但许多类型的运动员都可以从过顶推举中受益。使用哪种器械（哑铃、杠铃、原木等）取决于训练者的目标，不同的器械也可以用于辅助训练，作为目标器械的补充。我们着重介绍杠铃军事推举，因为这通常是在比赛中使用的，而且可以使训练者推举起更大的重量。哑铃推举往往不太稳定，杠铃推举会使更有力的那只手臂在某种程度上承担更多重量，以适应更重的负荷。也就是说，哑铃推举可以成为杠铃军事推举的辅助运动之一，部分原因是此时力量较弱的手臂无法依靠优势手臂来完成推举。因此，使用杠铃承载更大的负荷，并使用哑铃来加强非主导侧的力量，可以是强化过顶推举力量的最佳组合。

完成过顶推举的方法有很多种。

- 在实力推举中，不用下半身来帮助推举，训练者只需将杠铃从上胸部推举到锁定位置。
- 借力推举通常用于训练者无法在没有任何帮助的前提下，将重量推举到锁定位置的情况。在借力推举中，训练者会稍微弯曲膝盖，下蹲几英寸（1 英寸 =2.54 厘米），同时保持上半身直立，然后用腿部有力地向上推动，直到腿部再次伸直。这个动作（就像一个跳跃动作，但并不离开地面）有助于产生势能，帮助训练者将杠铃从胸部朝锁定位置推起。

· 挺举可以用于举起过重而无法推举起来的重量。在这个动作中，训练者通过一个强有力的下蹲和向上推动来进行推举。一旦杠铃升起，训练者就再次下蹲，将自己置于杠铃下方，并锁定杠铃位置，而不是将杠铃推过头顶。挺举可以采用分腿站姿或平行站姿，但无论采用哪种方式，到挺举动作结束时，双脚都应该平行站立。训练者需要具备强大的运动能力、稳定性和协调性，才能完成挺举，如果目标是将非常大的重量举过头顶，挺举便是一种非常有效的方法。

军事推举也可以采用坐姿进行，训练者可以坐在训练凳上（也称为坐式军事推举），或者坐在地面上，腿在前方伸直（也称为 Z 形推举）。坐姿消除了腿部和躯干之间的驱动力，从而要求训练者完全靠上半身来完成推举。

本书中我们讨论的是站姿军事推举。

起始姿势

进行站姿军事推举时，训练者应采用合适的握距正手握杠。理想情况下，杠铃应该靠近手掌的底部，以尽可能直接位于前臂的骨骼上方。杠铃应该尽可能保持在脚中央的上方，这样杠铃就会位于推举力线上，从而使动作更加稳定和高效。同时，确保拇指环绕在杠铃上，虽然训练者可以采用空握的抓握方式，但如果拇指没有环绕在杠铃上，杠铃从训练者手中滚落的可能性要高得多。

理想情况下，杠铃的起始位置应该在训练者的锁骨附近，具体取决于训练者的灵活性。腹肌和上背部的肌肉应该收紧，使得躯干紧绷并锁定位置，而肘部应该位于手腕正下方，前臂应尽可能垂直于地面。太宽或太窄的握距都不利于前臂垂直于地面，因此训练者要确保所选的握距允许前臂垂直放置。训练者的身体可能会略微后仰，这里的关键词是"略微"，训练者的身体不应该向后倾斜到将动作变成上斜卧推的程度。

动作执行

训练者将杠铃向天花板方向推起，同时充分发力，使髋部伸展，产生一点势能助推杠铃向上移动。杠铃应尽可能沿直线运动，许多训练者会试图将杠铃绕过面部，这是一条低效的路径，会削弱推举的力量。训练者应以鼻子为参照（杠铃不会碰到鼻子），而肘部可以稍微外翻，以更好地支撑杠铃向上移动。

完成姿势

当手臂在顶部伸直时，训练者应使杠铃与耳朵对齐（有时杠铃可能略微在耳朵后面，这取决于训练者的灵活性）。训练者应保持身体紧绷的直立姿势，尽可能收缩多块肌肉，在杠铃下方形成稳定的支撑基础，有控制地将杠铃放回架子上，完成一次动作。

军事推举的脚距或握距并没有固定的标准，因此训练者可以选择自己感觉最好的方式。然而，脚距略宽于髋部宽度的站立姿势可能会为站姿军事推举提供更稳定的支撑基础。许多举重者发现，略宽于肩宽的握距是一个舒适且有效的选择。

模式四：拉模式

与推模式类似，由于肩关节的多样化结构，拉可以在任何角度进行。在拉式训练中，训练者要么将物体拉向自己的身体，要么将自己的身体拉向物体。水平拉通常是划船的一种形式，而正手引体向上或反手引体向上中的动作则是垂直拉。也就是说，训练者通过调整身体位置或手臂的位置，可以改变拉的角度，使物体沿着与身体呈对角线的轨迹运动。

在推类动作中，主导肌肉是肱三头肌、胸肌和三角肌前束及中束；而在拉类动作中，主导肌肉是肱二头肌、背阔肌和背部的其他肌肉以及三角肌（主要是后束）。像划船和引体向上这样的拉类动作，还可以有效地增强握力，并且可以不同程度地激活腹肌。我们将引体向上作为垂直拉的样例，将坐姿划船作为水平拉的样例进行讨论。

引体向上：训练原则

对于许多人来说，引体向上是测试上半身力量的重要项目。该项目已经被许多全球范围内的军事部门、执法部门和消防队列入身体健康测试。在任何有横杆或牢固架子的地方，几乎都可以做引体向上。

引体向上的原理非常简单：用中立的平行握法或其他所需的握法抓住横杆（如果掌心朝向训练者，则动作称为反手引体向上）。训练者从静止悬垂的状态开始，将身体拉向横杆，直至下巴超过横杆，然后下降身体直到臂部伸直，并根据需要重复进行。然而，像所有举重动作一样，引体向上也有许多细微之处需要注意。

摆身引体向上

随着 CrossFit 的流行，摆身引体向上已成为饱含争议的话题——摆身引体向上算数吗？显然，摆动身体可以提供大量动力，推动训练者超过横杆。答案实际上取决于训练者希望在引体向上中达到什么目标。根据一项研究，与标准引体向上相比，摆身引体向上募集了更多下半身和躯干的肌肉（DiNunzio et al.,2018; Williamson et al., 2021）。然而，与摆身引体向上相比，肱二头肌和背阔肌在标准引体向上中活跃得多。因此，如果训练者的目标只是尽可能多地完成引体向上，或者进行更多下半身训练，摆身引体向上可能是更好的选择。如果训练者的目标是将引体向上作为强化上半身的训练手段，那么标准引体向上比摆身引体向上更有效。在这里，我们仅讨论标准引体向上。

握杆方式

关于引体向上的另一个争议点是握杆方式，中立握杆是否优于平行握杆？其他握杆方式是否能更有效地增强上半身的力量？研究表明，平行握杆引体向上、中立握杆引体向上、反握引体向上和绳索引体向上对肱二头肌、肱桡肌、三角肌中束、胸大肌上部、斜方肌下束、背阔肌和冈下肌的激活效果相似（Dickie et al., 2017）。然而，相较于其他握杆方式，采用平行握杆进行引体向上时对斜方肌中束的激活效果更显著。根据训练者的目标，这可能是在选择引体向上的握杆方式时需要考虑的一个因素。

正确的形式

关于引体向上的绝对正确形式并没有完全一致的意见。对于一些人来说，这个动作就是"抓住杆，将下巴拉过横杆，然后下落"。对于其他人来说，肩胛骨应该"收紧"（即向下），并且整个运动过程中，身体应该保持体操空心位（身体呈拱形）。似乎并没有什么研究证明哪种形式是最好的。同样，手也不一定需要完全环绕横杆，拇指可以放在手指上方。训练者可以选择钩握、空握或其他适合他们特定偏好和需求的握杆方式。

由于引体向上的形式并不完全标准化，训练者应该选择自己喜欢的形式进行训练。然而，在引体向上中有两个不可忽略的因素：必须始于一个身体完全伸展的状态（手肘完全伸直），必须以下巴超过横杆完成动作。其他方面则取决于训练者的目标、偏好和杠杆效应。

坐姿划船：训练原则

坐姿划船并不是一个 1RM 的举重动作。因为背部肌肉参与身体姿势的维持，所以它们往往对高重复次数的运动有很好的反应。因此，坐姿划船是一个非常好的高容量后链肌肉肥大的练习，与下拉练习相比，它对强化斜方肌中束和菱形肌群更加有效（Lehman et al., 2004）。

虽然坐姿划船可以在躯干保持不动的状态下进行，但训练者可以拉动的重量受到了手臂力量的限制。尽管初学者在学习该动作的过程中，可以通过静止的躯干拉动受益，但高水平的训练者可能具有肌肉肥大或基于力量考量的目标，需要使用更具挑战性的重量。在这种情况下，动作会变得更加动态化：躯干在运动中变得更加活跃，为挑战更大的重量提供动力。

起始姿势

训练者双脚站稳，双手握住选择的握柄。坐姿划船可以使用各种握柄，训练者应该选择一个符合自身目标的握柄（例如，竞技赛艇运动员可以选择使手臂呈划船姿势的握柄）。下面我们着重介绍一种中立的肩宽握柄方式。

动作执行

脊柱尽可能处于挺直的状态，髋部向前倾，使腘绳肌和背部肌肉受到拉伸。随着将握柄向躯干拉近，训练者应强有力地推动髋部后移，同时保持脊柱挺直，使得躯干的运动为拉动负荷提供力量。在动作的终点位置，训练者的躯干会向后倾斜（最多 45 度），肘部尽可能向后彼此靠拢，肩膀下沉，远离训练者的耳朵。

坐姿划船中的手部位置没有标准。该练习有许多变式，其中一些需要固定躯干，并且在这些变式中，前后摆动的动作可能并不适用。根据训练者的目标和具体需求，设计不同类型的坐姿划船，这样做是有益处的。

能够识别、理解常规的基本运动模式和动作要点，无疑是成为优秀的私人教练、体能教练或训练者的一个必要基础。就像学习大型复合举重动作可以为训练者提供知识，为力量和肌肉的发展奠定基础（允许之后选择更具体的训练目标和运动形式），学习这些举重动作的标准形式，可以帮助人们了解举重的物理原理，以及有关杠杆、关节角度和体型的细节。因此，本章内容是一个非常合适的起点，可以使我们顺畅地过渡到更深层次的对运动物理学的学习。因此，通过找到一个基于力量房的实例作为通往现实应用的桥梁，可以简化较深层次的术语。基本运动模式很好的一点是：它们的要求永远不会改变。这将是一场效率与宇宙法则的博弈，人们若能更好地理解这一点，则其作为训练者或作为教练的成长速度就会更快。

第 4 章

杠杆和力

我们身体杠杆的长度和比例，可能会限制我们在进行任何一项运动时保持标准的形态，这就是为什么某些体型的人会更适合从事某项特定的运动，他们的杠杆比例使他们更适合进行某些类型的运动。一个明显的例子是，身材高大、四肢修长的运动员往往更擅长打篮球和排球。虽然这并不意味着四肢较短的运动员不能在这些运动中有出色的表现，但这确实意味着他们需要找到弥补四肢长度不足的方法。一个较矮的篮球运动员可能更擅长运球和更快地绕过其他球员，因此训练这些特定的技能可以使他们受益。找到增加跳跃高度、投篮力量和投篮准确性的方法，也将有益于较矮的运动员，因为相比于较高的对手，他们距离篮筐更远。

在本章中，我们将讨论杠杆和力在身体中的作用，实质上这些是人体的物理学知识。虽然人体的物理学知识可能令人感觉复杂、枯燥和"数学化"，但它可以帮助你了解不同的身体在负荷下的反应。它可以给你一个指引来利用身体杠杆，使其发挥最佳效果，从而提高表现水平并降低受伤风险。如果你对这些概念有基本的理解并能恰当地应用它们，你便可以在健身房和比赛中利用它们为自己（或执教的运动员）创造有利条件。

力

要讨论杠杆，我们必须先定义"力"。这里引用《韦氏词典》对力的定义，即"施加或承受的力量或能量，运动或变化的原因，有效做功"（Merriam-Webster，2021）。

简而言之，力是对物体施加的作用，以使其移动或发生改变。力必须具有大小和方向。力可以是推或拉的形式，可以是主动的（例如举起重物）或被动的（例如阻止石头从山上滚下来）。因此，你可以对黏土施加力，使其成为花瓶，也可以对杠铃施加力，将其拉起来并举过头顶。

力可以是平衡或不平衡的，平衡的力意味着作用在物体上的力等于阻力。受平衡的力的物体运动状态不变，既可以是不动，又可以是匀速直线运动。受不平衡的力的物体运动状态会发生变化，如果作用在物体上的力大于阻力，变化就会发生。因此，如果一个运动员对一个物体施加 200 磅（约 91 千克）的力，那么这个重量为 150 磅（约 68 千克）的物体将朝着运动员推或拉的方向移动。

重力

在任何时刻都有作用在物体上的垂直方向的力。向下的垂直力是重力，向上的垂直力是地面反作用力——即地面施加在与其接触的物体上的力。在静止的物体中，地面反作用力等于重力。例如，在硬拉中，地面将向上施加一个力，等于运动员和杠铃的重量之和。地面反作用力将根据负荷的类型、速度和方向而有所变化。

对于任何物体，总是会有一个主动力和一个反作用力，如果一个运动员在举起杠铃，那么他正在施加主动力。然而，重力正在试图提供反作用力，将杠铃向下推回地面。如果愿意的话，你也可以说重力是主动力，试图将杠铃推回地面，而运动员提供的是反作用力，试图抵抗重力。无论以哪种方式进行理解，总是会有两个力。

从数学角度来看：

$$力 = 质量 \times 加速度$$

这意味着，当力被应用于一个特定的物体时，它将以与施加的力成比例的速度朝着力的方向移动。当我们将其应用于运动或力量训练时，肌肉施加力，而受力物体可以是任何东西，无论是负荷还是身体本身（如在短跑、体操或简单的姿势力学中）。在力量运动中涉及的另一种力是重力。举重训练的基础是克服重力的能力。

物体的移动加速度随着力量的增加而增加（即更强壮、能够产生更大力量的肌肉），也会随着物体质量的减小而增加［即用极快的速度移动 3 磅（约 1.36 千克）的物体比移动 300 磅（约 136 千克）的物体更容易］。

摩擦力

摩擦力是当一个表面滑过另一个表面时产生的一种力，比如鞋子在地面上滑动，如果鞋底花纹密布，该鞋子所产生的摩擦力将比鞋底有磨损的鞋子更大。如果地面是光滑的、刚打完蜡的油毡地板，那么与橡胶地垫相比，其所产生的摩擦力会小得多。摩擦力可以防止跑步者滑倒或使人们更难在平面上拖拉重物。这种力受到相互滑动的材料间的光滑度、滑动表面的形状以及力是否作用于该表面等因素的影响。

在进行自由重量训练时，摩擦力起不了多大的作用，但在器械训练中，摩擦力可能很重要。例如，在带有滑动配重台的绳索机或史密斯机上，滑动配重台和绳索的摩擦力可能会增加举起的总重量（Cotterman et al., 2005）。

空气阻力

空气阻力，顾名思义，就是空气对于物体移动所产生的阻力。空气阻力在空中运动中体现得最为明显，例如投掷、跳跃、跳水等。它受到飞行物体的运动速度、物体大小以及物体的形状和表面的影响（空气动力学设计旨在让物体以最小的空气阻力在空中移动）。一些训练设备使用空气阻力而不是重量片等重物进行训练，但在举重训练中，空气阻力很少起作用。

轴向力

轴向力是直接作用在物体中心轴线上的所有力的总和，这些力可以是剪切力或压缩力。对于人体来说，这些力通常会作用于关节，并有可能或好或坏地改变关节结构，因为作用于关节上的力会增加关节的应力和应变（受外力作用发生形变）。了解这些力对人体的影响，对于提高运动表现和最大限度地降低受伤风险至关重要。

剪切力

剪切力会将物体的一部分推向一个方向，将另一部分推向相反的方向（图4.1）。相比于背部绷紧并进行硬拉，屈曲脊柱并进行硬拉会在椎间盘上产生更大的剪切力。将杠铃远离身体进行硬拉，以及使用更直立的躯干进行硬拉，也会增加对脊柱的剪切力（Escamilla et al., 2001）。

增加剪切力并不一定会导致受伤（这就是不少精英举重运动员会有意识地进行脊柱屈曲的硬拉，却没有明显后遗症的原因），但它确实会显著增加受伤的风险。了解运动员在特定动作中关节的剪切程度，可以有效衡量运动技术成本与收益。例如，在深蹲中，增加关节剪切力的措施包括深度更深的深蹲、较窄的足间距、更快的速度、躯干前倾和在深蹲底部反弹（Bengtsson et al., 2018）。是否有必要冒着受伤的风险来增加剪切力，运动员必须对此做出决策。

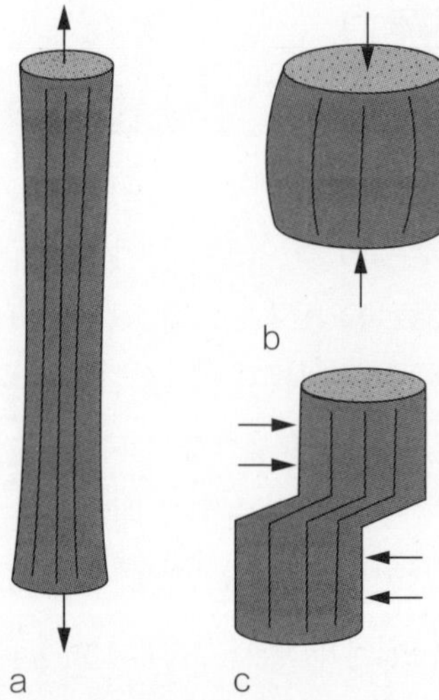

图 4.1　肌肉所受到的力的示例：a.张力，b.压缩力，c.剪切力

压缩力

压缩力使一个物体的两端向内推，物体将变得更加紧凑。例如，在卧推中，杠铃对运动员的手腕和肘关节产生压缩力。在卧推中改变握距将改变压缩力对运动员关节的影响（Chou et al., 2008）。这可能为运动员的受伤康复或调整举重方式，以在关节处产生最小疼痛，提供了一种有用的方法。

张力

张力是指将物体的两端相互拉开，产生拉伸效应的力，你可以想象一下拔河比赛中选手们作用于绳子上的拉力。在硬拉中，杠铃的重量会在硬拉者的手臂上产生张力，拉伸手腕、肘关节和肩膀。举重中有一个非常常见的概念，叫作张力时间，它表示身体在进行举重运动时肌肉承受张力的时间。在硬拉中，张力时间是从杠铃最低点到拉起完成的时间。它也可以描述训练量，即肌肉在一组动作内产生张力的总时间。

张力还可以指为了在举重动作开始前让身体保持直立和稳定，负重时紧绷肌肉的力。例如，举重运动员在从架子上起杠并走出来时，会在身体内部产生张力，以防止杠铃摇晃，他可能会像为应对拳击一样做好准备，锁住腿部、收紧臀部、将肘部和手靠近，以便在上半身产生张力。如果没有适当的张力，举重运动员将在杠铃下垮掉。

杠杆

人体可以传递或调整力，以执行工作（例如移动物体）。就像吊车吊起钢梁或镊子取出刺一样，人体可以被看作是一个杠杆系统。我们施加在杠杆上的力，会以不同的形式对人体产生压力，这些压力可能会引起肌肉肥大、力量增加，又或是受伤等结果。

杠杆的特点

所有的杠杆都有以下两个基本部分。

1. 支点，即杠杆的枢轴点。在人体中，支点通常是一个关节。在肱二头肌弯举中，支点是肘部；在深蹲中，有多个支点——膝盖、髋部和踝关节。举重动作越复杂，涉及的杠杆就越多，当多个杠杆共同发挥作用时，它们增加了所产生的杠杆效应。这就是为什么运动员通常能在深蹲中移动更大的负荷，因为深蹲涉及多个支点，而肱二头肌弯举只涉及一个支点。

2. 连接支点的刚性臂。刚性臂不应断裂或弯曲，否则杠杆的效果就不好。在人体中，刚性臂可能是一根或多根骨头。在腿部伸展的动作中，刚性臂是胫骨和腓骨。在硬拉中，刚性臂是脊柱的多个骨头和关节的集合，由收缩的脊柱肌肉整合为一个整体。

负荷是要移动的物体（在本书中为杠铃、哑铃或其他类型的物体），而力是施加在杠杆上用于移动负荷的（即肌肉作用）。

机械优势定义了在简单机器上施加力量，所能有效移动物体的程度。杠杆系统的机械优势可以通过以下公式确定：

$$机械优势 = 作用力臂长度 / 阻力臂长度$$

这个比值越高，机械优势就越好。例如，机械优势为 4，则举起负荷所需的力量，是不使用杠杆时所需力量的 1/4。

因此，移动离支点越远的负荷，所需的力就越大。这就是通常需要使用比屈臂锻炼（例如肱二头肌弯举）更轻的重量来进行直臂锻炼（例如侧平举）的原因。这也是相较于手臂较短的运动员，手臂较长的运动员使用相同的重量进行侧平举，可能会更具挑战性的原因。

　　要移动的负荷离支点越远，所需的力量就越大，但该负荷的运动速度和运动距离将比靠近支点的负荷更快和更远。当追求速度时，较小的机械优势通常更为理想，这就是手臂较长者可能比手臂较短者更擅长投掷的原因。在这种情况下，要投掷的物体（负荷）距离肩膀和肘部（支点）越远，物体的移动速度越快，运动距离越远。

杠杆分类

第一类杠杆

　　第一类杠杆看起来像一个跷跷板，杠杆的支点在力和负荷之间。这是人体中最不常见的杠杆类型。头部和颈部是很好的第一类杠杆的例子，其中支点是寰枢关节，负荷是颅骨的前部，力是由伸展颈部的肌肉施加的（图 4.2）。

　　第一类杠杆在健身房的训练中并不多见。常见的例子是颈部伸展，还有一些其他的例子，比如肱三头肌伸展或臂屈伸，在负荷与作用力（肱三头肌）之间，以肘部为支点。

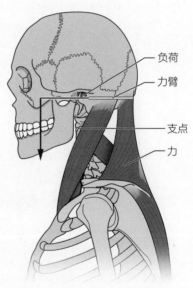

图 4.2　头部和颈部的支点、负荷和力的示例

第二类杠杆

　　在第二类杠杆中，负荷位于作用力和支点之间。独轮手推车是这类杠杆的常见例子——支点是车轮，负荷是手推车内部的任何物品，作用力在手推车的握柄处。第二类杠杆的机械优势将始终大于 1，因为作用力臂比阻力臂更长。第二类杠杆总是能产生更大的力，但代价是牺牲了运动范围和速度。

在人体中，一个第二类杠杆的例子是提踵。在这种情况下，脚掌前部是支点，负荷是身体的所有承重力加上任何额外的负重，作用力是由小腿肌肉施加于脚跟的力。

俯卧撑也属于第二类杠杆的例子，但在这种情况下，杠杆本身（即身体）是负荷，这使它成为一个有趣的例子（图 4.3）。支点位于脚趾（或膝盖，这取决于俯卧撑的执行方式），作用力是手推向地面的力。相较于以脚趾为支点做俯卧撑，以膝盖为支点做俯卧撑时，作用力距离支点更近，因此转移到手上的负荷更小，执行该动作需要的作用力也更小。

图 4.3　第二类杠杆示例：俯卧撑

第三类杠杆

第三类杠杆是身体中常见的杠杆类型。负荷在杠杆臂的一端，支点在另一端，作用力位于两者之间。在第三类杠杆中，阻力臂总是比作用力臂长，因此机械优势总是小于 1。这对于缩短负荷移动距离和提高速度非常有利，但不会产生太多作用力。机械优势小意味着效率低，因此，第三类杠杆是最低效的杠杆类型。由于负荷总是远离支点，因此我们需要产生更多力，才能移动这些负荷。

人体中有很多第三类杠杆的例子，肱二头肌弯举是一个非常简单的第三类杠杆的例子（图 4.4）。肱二头肌长头肌腱附着在桡骨结节和前臂的深筋膜上。在肱二头肌弯举中，肘

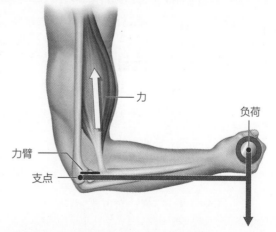

力

负荷

力臂

支点

图 4.4　第三类杠杆示例：肱二头肌弯举

部是支点，负荷就是位于肱二头肌附着点对侧的物体（例如哑铃、杠铃、腕部负重物、阻力带等）。

　　了解肌肉的附着点非常有用，我们可以用其确定力在人体中发生的位置。在第三类杠杆中，用于确定作用力的公式如下：

作用力 = 负荷 × （支点到负荷的距离 / 支点到作用力的距离）

　　这意味着作用力离支点越远，移动负荷就越容易。因此，在肱二头肌弯举的动作中，如果肱二头肌附着点离肘关节较远，就不需要花费太多力气来举起负荷。同样，如果负荷在前臂中间，弯举负荷也会变得更容易。

牛顿定律

　　牛顿定律解释了物体的运动与它们受到的作用力之间的关系，这是一个非常重要的起点。

牛顿第一定律（惯性定律）

　　惯性定律认为，一个物体在运动时，除非有外力作用于它，否则它将保持运动状态。因此，如果一个运动员将杠铃从地面上拉起，它会一直向上，除非重力将其向另一方向推。同样，一个静止的物体将保持不动，除非有更强的外力作用于它。如果杠铃太重，运动员就无法举起它，它将不会移动。因此，运动员必须施加比杠铃重量更大的力来使其移动。

牛顿第二定律（运动定律）

　　牛顿第二定律认为，作用于物体的力越大，物体的加速度就越大。物体的加速度与所施加的力成正比，并且物体会沿着施加的力的方向移动，物体的加速度还与物体的质量成反比。这个定律可以用公式表示为：

力 = 质量 × 加速度

　　如果我们想从不同的角度来看待这个公式，我们可以将它看作：

加速度 = 力 / 质量

　　从这个角度来看，对于大小相同的作用力，质量更大的物体的加速度会更慢。你可以想象试图拉一辆手推车和试图拉一辆卡车时的情况，使用大小相同的力，卡车的移动速度会慢得多。如果一个运动员进行杠铃高翻，他会产生巨大的势能，来使杠铃加速落在接杠位置。然而，如果该运动员产生的势能大于他能够适当控制和减速的程度，那么杠铃可能会继续加速并对他潜在地造成很大的损害。

牛顿第三定律（作用与反作用定律）

　　牛顿第三定律认为，每个作用力都有一个大小相等、方向相反的反作用力。我们在前面讨论主动力和反作用力时，已经触及了这一点。如果一个运动员试图在坚实的地面上使用杠铃进行硬拉，地面会对他的脚进行反推，防止他们陷入地下。但如果那个运动员试图在流沙中进行硬拉，地面将无法产生相等的力来保持他在地面上，他最终将陷进流沙。同样，如果一个运动员在地面上推动负重雪橇，摩擦力会反作用于雪橇，试图阻止运动员向前推动，使雪橇移动的方法是运动员施加比摩擦力更大的推力。

角运动

　　当讨论角运动时，我们是在谈论绕一个固定点的运动，这种运动是由质心外的力引起的。风车的转动就是角运动的一个例子——风把风车叶推离它们的轴线，结果风车叶开始转动。在人体中，角运动被简单描述为肢体绕关节的运动，包括坐起来、走路、举重等。

扭矩

　　扭矩是使杠杆臂绕轴旋转的力矩。如果你的身体要进行任何运动，它都需要产生扭矩。在任何练习中，扭矩决定了肌肉需要产生多大的力，因此在讨论运动中的人体时，理解这个概念非常重要。你会在力量房里看到不同的应用扭矩的指导建议，例如在卧推中，训练者可能被提醒尝试在推举时"弯曲杠杆"（将杠铃向外侧旋转）。这种扭矩的应用会使肩膀和手臂旋转到更稳定的位置，以完成更有力的卧推。当运动员被提示"将膝盖向外推"时，运动员可以应用扭矩，旋转髋关节和膝盖，以获得更稳定的深蹲姿势。在俯卧撑中，运动员可能会被提示"将手螺旋固定在地面上"，这会使肘部和肩膀旋转到更稳定的推力位置。扭矩取决于 3 个因素：施加的力的大小、施加的力的角度和力臂长度。这些都是可以在力量房和体育运动中进行控制的变量，从而可以提高运动效率和力量。

力线

力线指的是物体被拉或推的方向。重力总是垂直下拉的，因此其力线很容易测量。此外，拳击的力线指向的是拳击的方向。

力臂

力臂是力线与旋转轴（在人体中是关节）之间的垂直距离。力臂越大，角力就越大，最大扭矩产生于 90 度。角度越小，骨头越靠近，结构就越稳定。

这就是为什么肱二头肌弯举在肘部达到 90 度时最具挑战性，而在肘部超过 90 度后变得更容易。在 90 度处，肱二头肌需要产生最大的力来移动重量（图 4.5）。

图 4.5　肱二头肌弯举的力和力臂示例

角速度

角速度描述的是物体绕其旋转轴运动的快慢，单位为弧度 / 秒。弧度是圆周长与半径长度之比的一种度量。角速度既有大小，也有运动方向。角速度的一个例子是棒球投手的手臂——手中的球绕肩膀和肘部旋转的速度。在深蹲中，角速度取决于训练者到达动作底部所需的时间。一项有趣的研究展示了扭矩、杠杆长度和角速度之间的关系（Fleisig et al., 1999）。在这项研究中，研究者比较了年轻的棒球投手与年长的精英棒球投手的投球运动学机制。研究者发现，所有棒球投手的手臂运动速度都非常相似，然而经验更丰富的棒球投手拥有更长的手臂和更大的肌肉质量，其需要创造更大的扭矩，才能在更大、更长的手臂上产生相同的速度，而更大的扭矩和更长、更大的肢体组合，意味着棒球将以更快的速度被投出。

手臂紧贴身体的滑冰者的角速度比手臂伸展的滑冰者更大，将肢体靠近身体的跳水者的角速度比伸展肢体的跳水者更大。角速度的一个计算公式如下：

$$角速度 = 角位移（弧度） / 时间（秒）$$

换句话说，从一个点到另一个点所需的时间越短，角速度就越大。在深蹲中，可以测量踝关节、膝关节和髋关节处产生的角速度——在每个关节处骨骼相互接近和远离的速度有多快。在这种特定的运动中，更大的角速度可能具有特定于运动的益处，但也可能导致更高的受伤风险（Schoenfeld，2010），因此这是一个值得研究的因素。

角距离与角位移

角距离是物体绕其轴线移动距离的度量，而角位移是物体运动起点和终点之间的距离。在田径比赛中，链球的角距离是指它的圆周移动路径，而其角位移是链球开始移动和停止移动之间的直线距离。在卧推中，肘部的角距离是从卧推底部到顶部之间关节角度的变化。同样，卧推的角位移，是动作开始和完成位置之间形成的直线距离。

转动惯量

转动惯量是物体对旋转或转动的阻碍程度。物体的质量是影响其转动惯量的一个重要因素，质量越大，物体越容易对抗运动的变化。质量的分布也是影响转动惯量的一个因素。例如，花样滑冰运动员在将手臂靠近身体中心旋转时，有利于减小转动惯量,手臂会旋转得更快。如果运动员伸出手臂或将其举过头顶,由于转动惯量的增加,手臂将旋转得更慢。

转动惯量提供了旋转物体变速所需的惯量——开始旋转、停止旋转、加速旋转或减速旋转。

转动惯量越大,改变物体旋转所需的扭矩就越大。质量的增加或物体与轴心距离的增加都可以增加转动惯量。一个物体可能具有多个转动惯量。例如,一个跳水运动员会改变身体姿势,以加快空中扭转、转向或翻腾的速度,并再次改变姿势,以优雅地落入水中。每个身体部位都有必须考虑的转动惯量,以使跳水达到理想状态。

线动量与角动量

线动量指的是运动物体的作用效果,它是物体质量和速度的乘积:

线动量 = 质量 × 速度

质量较大或速度较快的物体将具有较高的线动量。例如,一个全速奔跑的大块头运动员将比一个更小、更轻、运动速度更慢的运动员更难停下来。同样,相较于 50 磅(约 23 千克)的重量,运动员对 2 磅(约 1 千克)重的物体进行减速要容易得多。

角动量反映的是角速度与惯性之间的关系。本质上,角动量是物体在旋转过程中所具有的运动量。一个可以计算角动量的公式如下:

角动量 = 角速度 × 转动惯量

以跳远为例,角动量来自躯干、手臂、腿和头的协作,既能防止旋转,又能最大限度地增加身体向前运动的距离。每个运动部分的角动量都对整个身体的角动量做出了贡献。较大的角速度或转动惯量会增加角动量。角动量守恒定律指出,如果一个物体没有受到力或扭矩的作用,它的角动量将不会改变,这与牛顿第一定律非常相似。

冲量

冲量是力在一段时间内的积分。换句话说，它是改变质量的动量所需的力和时间。花费更多时间施加力，动量的变化就越大。

冲量的单位为牛顿·秒，牛顿是一种力的度量单位，1 牛顿是将 1 千克的质量以 1 米 / 秒的速度移动所需的力量。冲量可以用下方公式来计算：

$$冲量 = 力 \times 时间$$

冲量经常在奥林匹克举重、投掷、阻力训练、短跑、跳跃和其他需要在短时间内产生大量力的动作中进行讨论。

有关力和杠杆的内容可能很复杂和令人困惑，这也是一个广阔的研究领域，比本章涵盖的内容要多得多。然而，至少对这些内容略知一二，会非常有用。本质上，运动是物理学概念，对本章涵盖的内容有基本的了解，可以帮助你认识到人体各个部分是如何通过协同工作来产生运动的，以及如何通过调整身体部位来配合动作的，为完成特定举重动作创造最有利的条件。

第二部分

运动优化

为了正确理解如何基于体型对举重训练进行调整，首先需要了解体型的多样性。人体有各种形状和大小，此处我们将身体特征缩减为 13 个常见的分类。

高

男性的平均身高高于女性。主要大陆上的男性平均身高为 5 英尺 10 英寸（约 1.78 米），而女性的中位身高为 5 英尺 5 英寸（约 1.65 米）。这意味着 5 英尺 10 英寸（约 1.78 米）对于女性来说，通常被认为是高的，但对于男性则正好是平均水平。由于我们提到的体型与抗阻训练的杠杆原理有关，因此无论性别如何，我们都应保持高度的度量单位一致。因此，为了分类清晰，任何身高超过 6 英尺（约 1.83 米）的个体都被视为高个体。

矮

矮与高的类别类似，需要考虑男女之间平均身高的区别。对于女性而言，通常被认为是平均身高的高度，对于男性来说，则被认为是较矮的。在本书中，身高低于 5 英尺 4 英寸（约 1.63 米）的人被视为较矮的个体。

大块头

大块头与身高无关，更多与体重有关。穿着大码服装（男性的 XL 尺码及以上，女性的 12 码及以上）的人将被归为此类。体型较大的个体可能需要对各种锻炼进行个性化考量，以和他们所占据的空间相适应。

短臂长腿

短臂和长腿的组合不太常见，但它确实会对上半身和下半身的运动方式产生影响。

短腿长臂

几乎可以在站直时摸到自己的膝盖的个体，一定会找到他们喜欢的运动。拥有较长的臂展意味着在各种上肢运动中有更大的运动范围。然而，有些运动对他们来说可能更难做好或更难以安全地完成。

长躯干

当髋部与肩膀顶部的距离占据了身高的一半以上时，个体就可能需要对运动模式进行关键性调整。受举重方式不同的影响，长躯干可能会对腰部和膝盖造成不同的影响。

长躯干、短腿、长臂

现在我们开始讨论子类别的特征。这种体型不太常见，但可以在体育界和竞技举重的边缘领域（非主流竞技形式或项目）见到。

长躯干、长腿、短臂

当高身高与高重心和短臂组合时，这可能意味着在某些举重运动方面具有巨大的运动范围，而在另一些举重运动方面的运动范围则较小。

短躯干、短腿、长臂

这种体型基本上是和前一类别相反的。这样的尺寸会使整体身高更低、臂展更长，其适合的运动可能和前一类别恰好相反。

短躯干、长腿、短臂

将大部分质量集中在下半身，对下蹲动作来说，意味着不仅仅需要考虑几何因素。这对其他举重运动以及对上半身的影响，是有明显联系的，包括对脊柱的影响。

长大腿、短小腿或长小腿、短大腿

大腿和小腿之间的关系，可以在进行重量级的举重动作时对关节角度和变化速度产生极大的影响，还可能会对下半身特定的灵活性需求产生重要影响。

小手

这一类别的影响是显而易见的，因为手的大小直接影响手握工具或需要握力的举重动作的运动模式。

在接下来的内容中，我们不会针对每个运动模式都进行 13 种体型的分类。例如，在过顶推举部分，不会有和下肢长度相关的子类别，因为下肢的变化对过顶推举的力量和效率几乎没有影响。第二部分中只会提到对相关举重动作影响最大的体型，以及在进行举重过程中具有某种机械相关性的体型。

第 5 章

硬拉模式

硬拉模式是一种垂直拉的模式，硬拉是以髋关节为主导的运动。这使得髋关节成为整个身体在硬拉过程中绕其运动以促进杠铃移动路径形成直线的主要轴。在第 3 章中，我们已经讨论了常规情况下的硬拉基本技术。在第 1 章中，我们简要提及了一些可能会对某些训练者构成挑战的因素。在此基础上，让我们来看看可以促进实现硬拉高水平表现的因素，并以此为训练基础。

最佳的传统硬拉体型

就力量而言，首先要考虑的是训练者手中的杠铃与地面之间的拉动距离，该距离越短越好。在这种情况下，手臂较长的训练者（图 5.1）会比手臂较短的训练者有更好的自然起点。 通过快速了解具备极大硬拉数值的精英力量举选手，我们可以证实这一点。

传统硬拉中，第二个天然有利因素是训练者的双腿在提拉过程中能发挥多大的作用。当然，硬拉在很大程度上依赖于下半身的力量，但由于大多数人进行硬拉时膝关节屈曲角度远非 90 度，因此下半身参与动作的部分非常偏向于腘绳肌和臀肌。与像深蹲这样真正以膝关节为主导的运动相比，腰椎在硬拉中的受力更多。因此，正确的躯干角度非常重要，髋部的起始位置应该比肩膀低。使髋关节（和臀部）保持在较低的位置，有利于膝关节在准备拉动时屈曲更大角度。更大角度的膝关节屈曲，潜在地增加了股四头肌的贡献和腿部驱动力。假如训练者保持了正确的脊柱姿势，可能的结果将是强有力的拉动，腰椎免于承担不必要的负荷——可能是因为体位不当。这表明，拥有平均长度的腿和较长躯干的人最适合传统硬拉，这种体型遵循了基本力学原理，允许整个动作保持以髋关节为主导的状态。

同样重要的是，训练者只能举起他们能够握住的重量。而手掌更大的训练者更容易握住杠铃，延缓他们需要使用混合握或举重腰带等辅助装备的时间。更大的手掌会覆盖更多的杠铃表面，因此在拉动时杠铃更不容易从手中滑落。此外，需要记住第 1 章讨论过的骨盆解剖学问题，要使脚、膝盖和股骨与髋臼相对应，这可能意味着身体较宽的人要采取更宽的站立姿势。在传统硬拉中，手应该置于小腿外侧，这可能导致手在杠铃上的位置比理想的位置更宽，从而增加了拉杠距离（并在起始位置增加了出现圆背的可能性）。

图 5.1　手臂较长的训练者的硬拉完成姿势

简而言之，手臂较长、躯干较长、手掌较大的训练者非常适合传统硬拉。但并非所有人都是这种体型，那些不符合此种体型的训练者，需要了解适合自己体型的正确变式和训练指导要点。

佩戴装备进行举重：举重腰带和助力带

装备，指用于提高特定举重运动的安全性或运动表现水平的东西，是许多训练者极其推崇或强烈反对的东西。在使用装备方面，存在许多不同的观点。我们的建议是对其保持中立态度。

要明确的是，佩戴举重腰带的目的是建立一个额外的支撑，稳定和保护腰椎（图 5.2）。举重腰带使用时需要扣紧，不追求舒适性；它们不是在整个锻炼过程中都需要穿着的时尚配件，而是只在个别的举重训练中穿戴。训练者在举重最难的部分（髋关节处于最大屈曲角度时期）通过核心对抗举重腰带，使用腹肌和腹腔气压协同发力。成功地做到这一点可以稳定举重中易受伤的部位，并增加拉力。如果你在健身房里看到有人松散地穿戴着举重腰带，或者在组间甚至不同动作间都不摘下举重腰带，那么你要知道这个装备被误用了。

如果训练者有关键部位（在这种情况下是腰椎）的受伤历史，那么我们建议他在硬拉时正确佩戴举重腰带，尤其是在计划挑战大重量时。暴露腰部肌肉和椎间盘（不佩戴举重腰带）以应对

图 5.2　举重腰带
artisteer/iStockphoto/Getty Images

压力，使该区域更强壮并从先前的损伤中康复（并预防再次受伤）是一回事，但我们认为并非一定要在某一次硬拉训练中挑战极限，可以在不依赖举重腰带的情况下使用其他练习方法来提高极限阈值。

助力带的使用有以下两个目的，其可能与训练者的目标相悖，具体取决于训练者的目标是什么。第一个目的是：佩戴助力带将增加训练者潜在的举重重量。因为训练者得到了结实、紧密缠绕的助力带的帮助，这有助于拉力的增加。如果一个训练者想以最自然的形式产生更多真正的力量，那么他可能会从承受比正常负荷更大的负荷中受益，但是训练者不会完全依靠自己的握力承受负荷，这意味着与动作相关的肌肉和神经连接会较少。第二个目的是：肌肉肥大。如果一个训练者试图将其握力排除在外，并更加强调后链肌肉的发展，佩戴助力带是一种合适的方式。当进行更多重复次数的硬拉时，助力带被证明是特别有用的：它们允许训练者增加训练量而不会导致握力疲劳，从而使训练者的努力更有效。

硬拉：躯干较短和腿部较长者，个子较高者

这种体型的训练者在硬拉时常常遇到困难。手臂长度可以分为短、中等或长，在每种情况下，大部分问题最终都与训练者的初始位置或姿势相关。腿比躯干长，重心较高，轴点（髋关节，身体应该围绕其旋转）离地面更远，这不利于均衡募集下半身的所有主要肌肉。大多数这种体型的训练者在举起杠铃时会表现出以下两种代偿模式之一。

1. 在动作执行过程中因为柔韧性或灵活性不足而屈曲下背部。
2. 杠铃绕过膝盖而不是直线向上移动，破坏了垂直路径的效率，流失了能量和力量。

　　这种体型的训练者需要更高的髋部位置来保持相对垂直的胫骨角度（以防止出现第二种代偿模式）。然而，髋部位置变化的副作用是较少的股四头肌参与和更多的后链肌肉参与——类似于罗马尼亚硬拉的姿势。由于腿较长，训练者需要通过更大幅度的足背屈曲来运用股四头肌，这样的调整妨碍了这种动作变式的理想举重物理形式。

滚动式硬拉准备动作：用于高个子和长腿训练者

　　确保正确的背部姿势可能会给高个子和下肢较长的训练者带来问题。训练者可能会让他们的腘绳肌在整个拉起杠铃的过程中控制骨盆，但结果往往并不理想。

　　在典型的硬拉准备动作中，保持平坦的腰椎可以使下背部肌肉对骨盆拥有最大的控制力，使腰椎稍微向前倾斜，从而形成准备拉起杠铃所需的轻度弓形腰椎。随着硬拉动作的进行，臀肌和腘绳肌开始发力，使髋部伸展，它们的收缩会使其对骨盆的控制力逐渐增强，并在运动接近完成时使骨盆逐渐向后倾斜。重要的是要尊重这种分工，使正确的肌肉在正确的时机获得对动作或身体的支配权。

　　实现腰椎平直的好方法是在准备拉起杠铃前，采用全蹲姿势，背部略呈圆形（图 5.3a）。这样可以让腘绳肌保持放松状态，而不会被拉紧，训练者可以将杠铃向上拉到起始位置，而不是向下伸手取物（图 5.3b）。这样可以使腰椎更有机会达到中立位或轻微地后伸，从而实现安全、技术合理的硬拉。

图 5.3　个子较高的训练者的滚动式硬拉准备动作：a. 起始位置，b. 完成位置

最佳变式：六角杠硬拉

进行六角杠（图5.4）硬拉可以在很大程度上解决这种体型的训练者会遇到的问题，这主要是因为进行六角杠硬拉时不再有杠铃阻挡胫骨向前移动，身体可以下蹲得更深，背部角度更接近传统硬拉的理想几何形态。由于负荷环绕着训练者，而不是在训练者的前面，所以负荷仍然是垂直运动的，不会受到胫骨角度变化的影响，并且股四头肌有机会更好地发挥作用。经过这种调整，与传统硬拉相比，腰椎受到的压力更小（Swinton et al., 2011）。

图5.4　六角杠

六角杠允许训练者在两个握柄位置——高柄和低柄中选择其一，进而允许训练者使用中立式握柄。根据六角杠的工艺和型号，柄高的差异为 4 ～ 8 英寸（10.16 ～ 20.32 厘米）。如果训练者具有足够高的灵活性，握在低柄（将六角杠翻转）可以与从地面上进行硬拉创造的运动范围相媲美，同时提供这种特定体型取得成功所需的额外有利条件。

不同的六角杠的握柄宽度会有所不同。有些六角杠的握柄宽度更窄，例如 20 英寸（50.80 厘米），而另一些则可以达到 25 英寸（63.50 厘米）的握柄宽度。牢记这些会影响你的力量和运动训练表现，特别是如果数字和百分比对于追踪记录很重要的话。

如果使用六角杠，训练者可以完成与优秀的硬拉运动员一样的训练量。如果训练者的身体处于对关节友好的理想状态，训练者就没有必要减少训练时间。在所有其他条件相同的情况下，他们可以安全有效地使用高强度方法。

如果你只有杠铃：传统硬拉的 4 个变式

毫无疑问，六角杠对于许多训练者来说，并不是一种易于获取的装备。如果你所在的健身房没有六角杠，那么了解如何调整硬拉姿势就显得尤为重要。掌握以下 4 种传统硬拉的变式对你大有裨益。

高位硬拉

使用杠铃片、低台阶平台或举重块来抬高硬拉起点，是一个很好的技巧，这适用于那些缺乏灵活性或体型不适合从地面进行传统硬拉的训练者（图5.5）。没有人说过地面必须是实际的地板，进行高位硬拉时，训练者仍然可以在适合其身高、腿长或臂长的运动范围内，获得硬拉所能提供的所有好处。特别是如果训练者计划使用更大的1RM百分比重量进行较少重复次数的训练，高位硬拉可以让训练者在更小的风险下完成训练。

图5.5　高位硬拉：a. 起始位置，b. 完成位置

进行高位硬拉时，所有传统硬拉的原则都保持不变，唯一的区别在于，杠铃相对于地面的位置更高，这为个子较高或腿部较长、躯干和手臂较短的训练者创造了有利条件。

停顿式硬拉

任何人的力量训练之旅中，必不可少的训练是使用较小的重量产生更显著的训练效果，这将根据动作的执行方式来实现。在起身的过程中，在离地面几英寸（1英寸=2.54厘米）的位置添加明显的停顿，会迫使脊柱保持中立，防止髋部先向上抬起。同样，由于增加了肌肉的张力时间，股四头肌和臀肌可以更好地参与到动作中，从而使腰部得到所需的协助。这种训练不使用典型的训练负荷完成相同的重复次数，而是需要将负荷减少约20%。这意味着训练者仍然可以努力训练并感到疲劳，同时通过减少绝对负荷来降低受伤的风险。

停顿式硬拉可以纠正脊柱位置，也有助于发展平衡能力。在拉起杠铃时，躯干应该稍微向后倾斜（约5度），以平衡身前的负荷，特别是当负荷较大时。若在硬拉的最高点躯干与地面完全垂直，这可能意味着训练者放弃了一些髋部驱动力，让背部主导了硬拉，约向后倾斜5度可以适当地平衡负荷。

记住，这个训练中使用的不是在身体周围均匀分配负荷的六角杠，而是直杆杠铃，所有重量都在身前，使用停顿式硬拉可以帮助训练者的躯干稍微往后倾斜，以防止躯干向前倾斜并扰乱发力曲线。

等长硬拉

进行等长硬拉的好处是，训练者可以在每个阶段都产生最大的力量，这是杠铃在运动状态中和人实际拉起杠铃时所无法做到的。对着一个不可移动的物体施加力，可以弥补训练者只使用传统硬拉时的动作幅度范围。

等长硬拉有多种方法，具体取决于健身房的配置。常见的方法是在深蹲架中放置一根杠铃杆，将可调节挡杆置于杠铃杆上方（小腿间的某个高度）。训练者像平常一样做预备动作，将杠铃杆向上拉到挡杆位置（图5.6），试图将整个深蹲架抬离地面。训练者保持10～15秒后休息60秒，然后将挡杆移到更高的位置并重

图 5.6　利用深蹲架进行的等长硬拉

复操作。这样做是为了逐渐强化整个运动过程的每个部分，以强化整个硬拉动作。

如果你没有深蹲架，可以在地面上用达到个人150%1RM重量的杠铃进行相同的操作，或者使用你确定无法拉动的重量，然后重复这个过程。将杠铃放在一些举重块或台阶上，以获得更高的起点位置，然后重复，接着再使用更高的举重块或台阶，以此类推。等长硬拉能够显著降低受伤的风险，同时允许神经系统基本上以全力发挥作用。由于身体在施加力时不改变位置，因此受伤的风险要小得多，等长硬拉被证明是为寻找安全的方式来增加传统硬拉力量的高个子或长腿训练者提供的绝佳补充方式。在传统的等张收缩式硬拉和等长收缩式硬拉之间合理分配每周的总训练量，是一种优化风险回报比的明智选择。

自由离心式硬拉

在硬拉时，有不同的提拉方式，其中常见的是触地反弹式和死停式。触地反弹式要求杠铃在每次动作中短暂接触地面并保持控制，这意味着在杠铃下降阶段需要进行更多的控制，以及增加腰椎的张力时间。在理想的情况下，这有助于加强腰部肌肉，但如果某人的体型不太适合硬拉，特别是如果他们被卡在杠铃下并需要拉起很大的负荷，过长的张力时间可能不是最佳选择。在这种情况下，使用死停式（杠铃在每次动作中迅速下降到起始位置，并允许其在地面上静置一两秒）可能是更好的选择。相反，若训练者专注于进行不涉及如此大负荷的离心运动，情况则截然不同。

硬拉：大块头，大腿较长（小腿较短）者，小腿较长（大腿较短）者

大块头的训练者与大小腿长度存在差异的训练者的共同点是，为了成功完成硬拉，他们需要确保有合适的足间距，这样可以在起始位置创造一个让身体尽可能感到舒适的空间，但这并不是一项简单的任务。大块头或大小腿长度存在差异的训练者可能能够使用六角杠来完成提拉动作。需要注意的是，这里所说的体型并没有考虑到训练者的身高。换句话说，训练者的身高可能只有5英尺4英寸（约1.63米），但仍然体型较宽、体重较大，或者符合这里列出的某一项肢体特征。高位六角杠硬拉可能是一个潜在的解决方案，但训练者的运

动范围会非常小，训练者还可能存在张力时间不足的问题。

　　因为目标是让所有涉及的肌肉都相对均衡地参与到动作中，同时避免下背部过度屈曲或增加不必要的负荷，因此训练者应该了解在所有条件下可能发生的代偿模式。

　　一个体型较大的训练者可能无法像一个体型较小的训练者那样，达到同样的髋关节屈曲程度，因为在髋部和腹部区域堆积的身体组织，会阻碍腿部向躯干靠近，从而阻碍更高程度的髋关节屈曲。因此，为了抓到杠铃，训练者只能通过让腰椎屈曲来代偿，抬高杠铃起始位置可能也无法解决这个问题。第 1 章中提到了髋关节及其在骨盆上的位置，对于体型较宽的人来说，他们髋臼之间的距离会更大。确定传统硬拉的自然脚位的快速方法是观察在垂直纵跳时脚的落地位置（或进行一系列垂直纵跳以获得更准确的结论）。双脚间距会倾向于与髋部同宽，位于髋臼下方，从肉眼观察来看，这可能比正常的传统硬拉姿势下的双脚间距更宽。这可以让躯干更好地向下运动，而不需要过度屈曲。但这可能会带来新问题，因为双手间距需要比已经很宽的双脚间距更宽，这可能超出了运动员的柔韧性和灵活性的极限。让我们将注意力转向大腿或小腿较长的训练者。

　　在这两种情况（大腿长、小腿短或小腿长、大腿短）下，训练者都具有较高的髋部位置，可以从略微降低髋部位置的调整中受益。在大腿长、小腿短的情况下，髋部位置会变得更糟，因为较长的股骨长度会使髋关节远离杠铃。如果躯干长度为平均长度或更短时，可能的结果是，肩部会处于杠铃的后方，而不是在杠铃上方。大多数情况下，这种情况的代偿模式是提高胫骨屈曲程度，以使杠铃位于肩部下方。小腿长、大腿短的情况则可能会使肩部位置更好，但严重的髋关节屈曲可能会导致需要较长的手臂才能成功完成提拉。如果训练者没有较长的手臂，那么就会出现问题——脊柱屈曲。

圆背硬拉

此处我们将完全否认之前关于硬拉时脊柱姿势的观点，请耐心听我们的讲解。

依据传统经验，在硬拉时脊柱应保持伸展或中立。关于圆背姿势对举重的影响的研究非常少。然而，世界上一些高水平运动员会采用屈曲的脊柱进行举重。一般来说，采用极限重量的硬拉会使运动员的脊柱呈某种程度的屈曲。许多硬拉运动员会有意选择圆背姿势，该姿势可以使他们轻松地举起极大的负荷，而不会出现问题。

在进行大力士运动（阿特拉斯石、农夫行走、酒桶搬运、轮胎翻滚和原木推举）时，尽管阿特拉斯石要求脊柱屈曲，但其对腰椎的压缩力却是最小的（McGill et al., 2009）。其背后的原因主要有两个。

1. 该研究的作者用"低脊柱动力"来形容大力士举重方式。换句话说，就是在最初的举起阶段中，脊柱并没有移动很多——真正的变化只发生在顶部，就是准备将阿特拉斯石放到台子上的时候。

2. 阿特拉斯石在被抱起的过程中始终非常贴近躯干，从而降低了受伤的风险。

在硬拉中，圆背可以改变身体的杠杆机制，使杠铃尽可能沿着垂直线移动，这样杠铃就可以尽可能接近身体。虽然杠铃不像阿特拉斯石那样在躯干上方，但保持杠铃贴近身体可以降低腰椎的受伤风险。

一项探索屈曲脊柱对举重的影响的研究发现，屈曲脊柱可以增加最大负荷下的力量，并提高效率（Mawston et al., 2021）。虽然这项研究没有研究圆背姿势带来的伤害和风险，但它暗示了使用这种姿势可能对无损伤的运动员是有利的。

综上所述，圆背硬拉可能更适合那些已经具有高水平躯干力量并擅长硬拉的运动员使用。在学习硬拉和增强力量阶段，保持脊柱稍微前凸或中立的传统建议可能仍是明智的选择。

尽管如此，圆背硬拉可能特别适合具有长躯干或长腿的运动员，因为他们可能难以形成一个能够使他们完全垂直拉起杠铃的姿势，圆背姿势也可能帮助他们举起更大的负荷。

最佳变式：中距相扑杠铃硬拉

　　简单的调整——将腿从手臂的阻碍中解放出来，可能是身体所需的一种解放性变化，而不管训练者属于哪一种体型。对于大块头训练者，这种调整有两个作用：首先，它可以为躯干提供更多间隙空间，以适应双腿之间的距离（在屈髋时不会受到腹部区域的阻碍）；其次，它可以更好地将脚和腿与髋臼对齐，这样训练者就不会迫使自己的足间距比呈自然站姿时还要窄。

　　小腿较长的训练者，应考虑在中距相扑杠铃硬拉（图 5.7a 和图 5.7b）和传统硬拉（图 5.7c 和图 5.7d）的预备动作中背部角度的差异。中距相扑杠铃硬拉

图 5.7　中距相扑杠铃硬拉：a.起始位置的侧视图 1，b.侧视图 2。传统硬拉：c.起始位置的侧视图 1，d.侧视图 2

允许躯干保持相对直立，因为髋部获得了额外的下降空间，这使得找到正确的准备姿势变得更加容易，并且髋部能够比正常情况下沉得略微深一些（如果训练者的手臂不是很长，则这可能是有益的）。此外，对于大腿较长的训练者，额外的下降空间可以确保小腿保持垂直，同时仍能够满足肩胛骨在杠铃上方的要求。

转换为以深蹲的基本站姿进行硬拉时，需要注意的问题是小腿的磨损和擦伤。大部分奥林匹克杠铃［以及许多其他种类的 45 磅（约 20 千克）杠铃］都会有麻花纹（粗糙的纹理握柄），其几乎遍布整个杠铃，中间部分除外。有些杠铃的中央有一条麻花纹，左右两侧则是光滑的区域。在中距相扑杠铃硬拉的站姿下，双手会位于杠铃上没有麻花纹的部分，而小腿在常规情况下会与光滑的表面接触，现在则会与杠铃上的麻花纹接触。不幸的是，这可能会导致手的握力较差，并且随着动作重复次数的增加，小腿会被磨损和擦伤。

我们建议在进行中距相扑杠铃硬拉时，穿长裤、高筒袜或小腿套，以避免小腿被磨损和擦伤，并选择麻花纹在中央的杠铃，以使至少部分手部能从额外的握力中受益。使用镁粉也有一定帮助，随着每组动作重复次数的增加，训练者可以考虑使用混合握。

不要将这种站姿与全开式相扑站姿混淆。本书没有将全开式相扑站姿列为推荐的替代姿势，原因是它通常仅用于缩短杠铃行程以及特定肌肉的训练。全开式相扑站姿要求双脚保持极端分立的状态，有些情况下足间距甚至与杠铃两端的杠铃片之间的距离一样宽。尽管这可能适用于一些追求举起更大负荷的训练者，但由于在大负荷下身体会出现严重的股骨外旋，这对髋部区域不利。当进行负重运动时，股骨与髋臼保持对齐是理想状态，但对于大多数人来说，采用这种宽阔的站姿不太可能实现这个目标。为了证明这一点，看看现实情况：中距相扑杠铃硬拉的新手最容易遇到的问题之一就是膝盖内扣，这破坏了踝关节和髋关节之间的力线对齐。这种现象背后存在明确原因，绝不仅仅是内收肌过紧所致。

因此，我们推荐中距相扑杠铃硬拉站姿，采用这种站姿更安全、更明智，这种站姿也是对传统硬拉站姿的一种改进。

壶铃硬拉

壶铃硬拉（图 5.8）在追求绝对重量方面可能有所欠缺，但对于大块头或具有不同下肢比例的训练者来说，他们可以通过其定制化的功能从中受益。在健身房中，训练者很难找到重量超过 110 磅（约 50 千克）的壶铃，但即使使用一只（或一对）这样的壶铃，训练者仍可以找到不受限制的中距相扑杠铃硬拉站姿，同时仍然握着较窄的握柄（可以调整为中立位，从而使身体更加舒适）。大多数壶铃握柄有很好的抓握感（解决了麻花纹的问题），训练者可以根据需要，将其放置在双脚之间或远离身体的位置，以适应较长的大腿。

图 5.8　壶铃硬拉：a. 起始位置，b. 完成位置

硬拉：个子较矮、手掌较小者

整体个子较矮但拥有紧凑的身型，通常意味着特定动作中的杠铃行程较短，训练者具有很强的力量。这可能是真的，但对于寻求增加靶肌肉的张力时间的训练者来说，这个事实却令人沮丧。好消息是，由于提拉行程较短，该体型的训练者从标准高度拉起杠铃时，所受的灵活性和柔韧性方面的要求会较少——换句话说，当你是一个较矮的训练者时，进入正确的起始姿势可能并不困难。

杠铃直径（粗细）和硬拉

通常身材整体较小的人，手脚也会比较小，两者经常是相互关联的。因此，在继续学习之前，了解以下知识会很有帮助。

标准男子奥林匹克杠铃的直径为 1.1 英寸（约 2.80 厘米）。对于一些手小的训练者来说，这就相当于更高大的训练者握着轴承杆或使用粗握柄，这不利于产生强力的硬拉表现。让人沮丧的是，你的身体肌肉远没有疲劳，但手臂肌肉却已经疲劳了。

相比之下，标准女子奥林匹克杠铃的直径为 0.98 英寸（约 2.49 厘米）。这个差距看起来可能不是很显著，但你在使用杠铃时立刻就能感受到。无论男女，使用标准女子奥林匹克杠铃进行硬拉，都是训练时的明智选择，这可以让你增加训练时的重量，并减轻握力疲劳。虽然标准女子奥林匹克杠铃比标准男子奥林匹克杠铃轻 12 磅（约 5 千克）左右，短了大约半英尺（1 英尺 ≈ 0.30米），但计算负荷时，将这一点纳入考量是非常简单的。

最佳变式：超程硬拉

从增高平台上拉起杠铃可以增加张力时间，这对于下肢活动范围有限的矮个子训练者非常有益。增高平台的高度为 2 ～ 8 英寸（5.08 ～ 20.32 厘米），可以为训练者创造出更深的起始位置，同时训练者可以依靠自身的柔韧性和灵活性，在准备姿势下进行正确的脊柱伸展（注意：如果训练者不能进行正确的脊柱伸展，则不需要使用超程硬拉，直到其可以进行正确的脊柱伸展为止）。训练者站在增高平台上，杠铃位于地面，脚在垂直方向上离杠铃更近（图 5.9a）。提拉空间增加的这几英寸（1 英寸 =2.54 厘米），可能在单次动作中看起来并不多，但随着训练量的增加，它们会累积起来。

如你所见，在选择合适的增高平台时，主要应确保其具有较强的稳定性。显然，增高平台不应该太宽，若杠铃片在处于起始位置时落在增高平台上，使用增高平台就没有意义了。通常，训练者会站在低台阶平台或大杠铃片上（图 5.9b）。

做超程硬拉的一个额外好处是，你有更多时间用于握持杠铃，这可以对前臂屈肌和手部肌肉产生积极影响，从而改善你的握力训练表现。此外，手小的

图 5.9　超程硬拉：a. 起始位置，b. 完成位置

训练者需要进行更多握力训练，以便紧紧握住杠铃（特别是使用双手握住）。在这种情况下，使用前面提到的触底弹起的方法，训练者可以在不释放杠铃的情况下重复动作，从而增强握力。

如果没有增高平台

对于一些人来说，他们必须从增高平台上拉起杠铃，但增高平台可能太高或用于站立的表面有问题（例如不平整）。在这种情况下，较小的杠铃片可以派上用场。例如，一个 25 磅（约 11 千克）或 35 磅（约 16 千克）的杠铃片的直径通常比一个 45 磅（约 20 千克）的杠铃片的直径要小。在杠铃上装载两个 25 磅（约 11 千克）的杠铃片，而不是两个 45 磅（约 20 千克）的杠铃片，虽然负荷减小了，但杠铃将更接近地面（图 5.10）。如果没有合适的东西可以将脚抬高，就将杠铃放低些。

图 5.10　不同重量的杠铃改变了训练者的手臂伸展距离

由于较矮的训练者在进行硬拉时，不像高个子或腿部较长的训练者那样受时间和运动距离的限制，因此他们不太可能受到硬拉模式本身的高训练量的影响。所以，他们可以采取大训练量，但前提是他们要在间歇时间充分休息。

抓举式（宽握）硬拉

使用宽握距进行硬拉，是创造更大的提拉幅度的另一种选择。采用典型的抓举握法的要求是当身体处于站立状态且双臂完全伸直时，杠铃会停留在髋部的褶皱处，但我们不必对自己如此严格。即使将手的位置分别向两侧扩大6～8英寸（15.24～20.32厘米），训练者的拉动空间和身体几何形态也会产生显著的变化（图5.11a）。在更宽的握持距离下，训练者被迫使用双手正握的姿势，而无法使用混合握。此外，这还将另一个肌群——背阔肌纳入动作模式。

要记住，背阔肌是上臂内旋肌。在宽握距的双手正握姿势中，训练者正是利用了背阔肌和其他上臂内旋肌的协调机制，使得肩膀伸展且将杠铃从地面上拉起时，身体变得笔直。无论采用哪种硬拉模式，背阔肌的参与都是至关重要的。训练者通过背阔肌的参与来产生足够的张力是关键，这可以保持杠铃贴近身体并确保形成竖直的杠铃运动路径。此外，由于双手处于宽握位置，训练者会自然地将双手向内挤压（使双手相互靠近），以产生张力和牢固的握力。除了内旋上臂

图 5.11 抓举式（宽握）硬拉：a.起始位置，b.完成位置

之外，背阔肌的作用还包括控制上臂的内收，这表明与典型的传统硬拉相比，这个宽握姿势会带来更多的肌肉活动（图 5.11b）。

作为额外的福利，如果你的健身房只有杠铃片［或者只有 45 磅（约 20 千克）的铁盘］，扩大握距可以满足实现更大提拉幅度的需求。即使差别只有几英寸（1 英寸 =2.54 厘米），但对于包含多组重复动作的训练来说，这也是有意义的。

训练量

研究表明，在传统硬拉、六角杠硬拉甚至臀部推举之间转换，并不会在腰部区域的活动和脊柱伸肌的参与方面产生显著差异（Andersen et al., 2018），但该结论会受到接受测试的个体的体型的影响。对于能够使用杠铃实现类似于使用六角杠时的躯干角度的人，在进行这两种训练时，其腰部区域的负荷应该是相似的。对于在传统硬拉的准备姿势中躯干处于更水平位置的训练者来说，关键是考虑与另一个训练者相比，他们的腰部区域承受的力和训练量有多少。如果训练者 A 相对于地面的背部角度为 40 度，训练者 B 相对于地面的背部角度为 85 度，则在完成等同于自身体重的硬拉时，进行 5 组 10 次重复的动作，两个训练者的腰部区域会有截然不同的体验。

根据人体测量学特征，每个训练者都会正确地为自己的体型进行准备和执行硬拉动作，但这并不意味着这些训练者的运动需求是相同的，相较于取得的训练效果，良好的技术动作可能更具有普遍性。相对于地面的背部角度为 85 度的训练者要进行更深的屈髋，以使小腿与地面保持相对垂直，这可能意味着训练者的个子较高、手臂较短、腿或大腿较长或躯干较短（或这些的组合）。考虑这些不同体型的训练者的需求并相应地调整训练量和训练强度是正确的。

首先要解决的问题是规定组间休息时间。特别是在负荷较大的训练组中，增加 15% ～ 20% 的休息时间，有助于降低由于组间恢复不足导致的受伤风险，特别是对于腰部区域。其次，调整训练量以适应这些细节，可能涉及减少以极限负荷训练的组数，同时更注重在组中逐渐增加负荷。

当涉及训练量时，人们往往会有这样的想法：更大的训练量意味着更多的组数和总重复次数。虽然这不是错误的，但训练量往往还涉及更多内容。

　　如果一个训练者计划在一次硬拉训练中进行 5 组 8 次重复，训练负荷为 300 磅（约 136 千克），那么明智的做法是逐渐增加训练负荷，而不是在第一组动作中就加到 300 磅（约 136 千克）的训练负荷。逐渐增加训练负荷的模式可以如下。

　　95 磅（约 43 千克）× 5 次

　　135 磅（约 61 千克）× 3 次

　　185 磅（约 84 千克）× 2 次

　　205 磅（约 93 千克）× 2 次

　　225 磅（约 102 千克）× 2 次

　　250 磅（约 113 千克）× 2 次

　　275 磅（约 125 千克）× 2 次

　　300 磅（约 136 千克）× 8 次 × 5 组

　　如果你做了计算，那么你就会知道在以上模式中训练者累计拉起的重量为 15160 磅（约 6876 千克），分布在 58 次重复中。在这样的模式下，训练者精疲力竭或达到耐力极限的可能性非常高，更不用说在完成所有递增重量组后，再进行 5 组 8 次 300 磅（约 136 千克）的大负荷训练，这将可能为训练者的腰部带来受伤风险。特别是对于高频训练，在所有递增重量组中增加负荷（增加动作的重复次数），同时仅进行一到两组最大负荷的练习，可能听起来像是一项要求较低的任务，但各组要使用相同的重复次数，这种模式可以如下。

　　95 磅（约 43 千克）× 8 次

　　135 磅（约 61 千克）× 8 次

　　185 磅（约 84 千克）× 8 次

　　205 磅（约 93 千克）× 8 次

　　225 磅（约 102 千克）× 8 次

　　250 磅（约 113 千克）× 8 次

　　275 磅（约 125 千克）× 8 次

　　300 磅（约 136 千克）× 8 次 × 2 组

　　在这里，总重量为 15760 磅（约 7149 千克），分布在 72 次重复中。在这个例子中，训练者虽然在每个递增重量组中需要重复 8 次动作，但也能够保持更好的技术状态，因为递增重量组没有超过训练者的 8 次最大负荷阈值。这种模式使得训练者可以在次最大负荷的情况下做更多功，而不会在承受重量时使腰部处于更高的风险下。特别是在促进肌肉发展方面，这种模式是一个明智的选择。

强化硬拉的关键练习

由于髋部区域和脊柱是成功完成硬拉的关键部位，因此最好的动作模式应该集中在这些区域，以促进实现最佳表现。以下是一些关键练习，为了取得最佳效果，训练者无论体型如何，都最好将这些练习合并到热身或组间休息中。

髋部后推

深屈髋需要良好的髋关节灵活性，同时要保持脊柱中立，这个练习可以满足这种需求。

直杆髋屈伸

训练者手持一根直杆，在背后与地面垂直放置，目标是让头部、上背部和臀部与直杆接触。上手应该在颈后握杆（掌心向内），下手应该在腰部下方握杆（掌心向外）。保持 3 个接触点不动，训练者屈曲髋关节，将臀部向后推，同时保持脊柱伸展。一旦其中一个接触点无法保持不动，训练者就停止动作，并在调整后重新进行练习，慢慢地完成整个动作过程。

臀桥

平躺在地面上，屈膝呈 90 度，脚跟平放在地面上，下背部紧贴地面，挤压臀部的同时收紧腹肌。接下来，将髋部抬起至完全伸展，从肩到膝形成一条直线，保持一秒，然后慢慢下降。重复进行 12 ～ 15 次。

硬拉的理想辅助练习

辅助练习可能不会完全模仿硬拉本身的模式，但它们涉及相同的肌群，而且辅助练习可以利用有助于强化硬拉的身体姿势。对于想要改善硬拉表现和增加力量的训练者，这些辅助练习应该包含在训练方案中。这些辅助练习适用于所有体型的训练者，因为某些体型的训练者在硬拉时可能显现的限制性因素在进行辅助练习时得到了大幅度减少或消除，这要归功于力量角度、负荷或使用的器械。有助于强化硬拉的理想辅助练习如下。

· 反向超级伸展

· 水平背部伸展

· 杠铃臀推

· 哑铃单腿硬拉

· 绳索硬拉

毫无疑问，硬拉是最有用和最流行的大型举重训练之一。本章展示了在编写硬拉训练方案时需要考虑的个体化方法。请记住：硬拉直接涉及腰椎，也可能使训练者在单次动作中承载最大重量。因此，进行硬拉时重要的是要保证安全，谨慎行事，同时根据体型对硬拉动作进行正确的调整。

第 6 章

深蹲模式

硬拉模式和深蹲模式的整体特点相似，二者的区别在于后者是以膝关节为主导的运动。这意味着与各种硬拉模式相比，深蹲模式需要更多的膝关节屈曲。因此，这两种模式尽管有一些相似之处，但有不同的训练效果，并且在它们的传统形式下，二者几乎没有交叉效应（Hales et al., 2009）。由于深蹲是非常普遍和重要的运动，因此深蹲有许多变式。这使得根据体型来审视哪种形式的深蹲最适合某类特定人群是非常有用的方法。首先，让我们看一下适合深蹲的人体测量学特征。

最佳的杠铃深蹲体型

为了确保清晰和一致，我们将颈后杠铃深蹲称为传统、标准的深蹲。我们之所以选择这个名称，是因为这是最常用的深蹲变式之一，通常也是训练者最容易接触到的杠铃动作变式之一。髋部的解剖结构在一个人的深蹲深度方面起着重要作用，此外，体型也很重要。硬拉模式将重点放在杠铃与地面的距离上，以衡量完成的工作量（记住，功等于力乘以距离）。我们认为在考量深蹲时，更聪明的做法是看髋关节下降的程度，也可以将其用来对深蹲动作进行评估。因此，髋关节移动的距离越大（下降和上升的距离越大，蹲得越深），就意味着训练者需要做更多的功。为了提高效率和增强力量，在每次动作中都增加负荷可能并不理想。因此，在深蹲方面，腿部较短是一种优势，因为髋部从一点移动到另一点的距离会受到限制。

请注意，我们只指定了腿部较短这一特征，原因是我们必须考虑上半身所呈现的几何角度，以减少下背部的压力。如果训练者整体身材矮小，为了保持上下肢的比例平衡，训练者需要以一定的角度屈髋，这也能使杠铃保持在脚中

央的上方。对于大多数比例相称的人来说，这意味着在深蹲的底部，胫骨角度
与躯干角度一致或非常接近。在这种情况下，训练者如果躯干较长，为了保持
平衡，需要在深蹲的底部保持更直立的躯干角度。如果杠铃在背部的位置相同，
髋关节能够保持更大的屈曲角度，那么腰椎区域承受的压力就更小。在实践中，
我们发现这个规律适用于精英水平的奥林匹克举重运动员的体型。毫无疑问，
在全程深蹲方面，这些运动员通常是世界上最强大的，而且有趣的是，无论举
重运动员属于哪个重量级别，他们的体型几乎总是类似的。

　　由于在进行深蹲时，手臂和手部不动，因此它们在定义理想的深蹲体型方
面的作用较小。一个具有较长的躯干、较短的下肢和足够高灵活性的身体，以
及支持恰当的髋关节活动范围的理想髋部解剖结构（更开放的髋臼空间，可能
更面向前方而非侧面），将有利于训练者进行强有力且没有伤痛的深蹲，这是
很好的先天基础。对于其他体型的训练者来说，他们想要做好深蹲可能会面临
一些挑战。

深蹲：躯干较短、腿部较长者，大腿较长者，个子较高者

　　这3种体型的训练者的主要问题在于能否达到完整的动作幅度和更深的蹲
姿深度。高个子的训练者可能没有明显的不均衡问题，但是他们需要移动的距
离较长，这会要求他们具备更好的灵活性和更多的能量，灵活性和能量不足会
使得深蹲成为他们的一项挑战。在深蹲过程中，活动度不足通常会导致以下至
少一种代偿行为。

1. 髋部下沉不足，躯干为了保持身体平衡会向前倾，这会增加下背部的
　负荷。

2. 脚跟抬离地面或脱离起始位置，这是当无法通过在深蹲底部建立适当的
　稳定性时发生的代偿行为。

3. 腰椎由于骨盆后倾而发生明显的屈曲，这是当训练者的灵活性或柔韧性
　不足时，由腰椎进行代偿，以达到正常姿态下无法达到的动作幅度。这
　种严重的"臀部眨眼"可能是危险和有害的，如果不加以控制可能会导
　致训练者受伤。

　　这些类别的训练者通常会出现一种或多种问题，这些问题通常需要通过减小躯干角度，提高踝关节和髋关节的灵活性来改善。寻找躯干和胫骨角度的协调性是一个好的开始，并且训练者可能需要尝试更适合自身的动作变式。

最佳变式：颈前杠铃深蹲

　　从后蹲（颈后杠铃深蹲）转换到前蹲（颈前杠铃深蹲），能够解决很多问题。首先，它迫使训练者考虑物理学原理。因为深蹲采用的是垂直的推模式（训练者将杠铃从地面推起后完成深蹲），所以理想的杠铃位置应该在脚中央的上方。在运动中，杠铃应该尽可能沿着垂直线运动，以使运动效率最高，受到的干扰最少。在了解这一点的基础上，重新审视后蹲的起始姿势，大多数人很快就会得出这样的结论：身体直立，将杠铃放在背部，身体呈一个完全垂直的起始姿势，髋关节打开到 180 度。然而这是错误的。

　　为了保持杠铃在背部的平衡，髋关节需要以略微向前倾斜的姿势开始屈曲。这样不仅可以防止杠铃从背部滚落，而且还可以使杠铃在空间中处于正确的位置。这会使得身体倾向于通过推动髋部后移来开始深蹲，但对于我们正在讨论的这种体型的训练者来说，过度将重心放在髋部会导致深蹲动作的关键力学机制被破坏。相对于腿部较短的训练者，这类训练者可能更依赖于膝关节屈曲，为了跟上髋关节屈曲的速度，膝关节屈曲的角度变化速度要加快。如果不这样做，过度的髋关节屈曲将导致严重的身体前倾，造成前文所述的第 1 种代偿行为。

　　将装载负重的杠铃放在身体前面而不是后面，可以使训练者真正打开髋部，保持高挺的起始姿势。记住：杠铃要在脚中央的正上方，这意味着上半身要能够在顶端处于杠铃后面，而不是在其前面。由于负重在这种姿势中起到了更多的平衡作用，它允许训练者更好地对抗重量（能够更好地控制身体），并通过膝关节和髋关节的同时屈曲开始深蹲（膝关节屈曲甚至可能在髋关节屈曲之前开始）。当其他方面的条件一致时，这些都将促进实现更深的下蹲。相比于后蹲，前蹲还能减少腰椎区域的压力（Fuglsang et al., 2017）。此外，前蹲有一些特定的要求：如果你向前倾斜太多，杠铃就会下降，这就需要躯干保持垂直，迫使腰椎承受更少的剪切力。

　　为了成功完成前蹲，训练者最好具有足背屈能力、良好的手腕和肩关节的灵活性，以及良好的胸椎伸展性。前蹲被证明是两种杠铃深蹲中更加需要运动能力的一种，而且它有利于大多数承重关节正确地发挥功能。

前蹲的握杠类型

前蹲的握杠类型有两种，分别是翻握法（图 6.1a）和加州握法（图 6.1b）。

图 6.1　前蹲的杠铃握法：a. 翻握法，b. 加州握法

翻握法是我们推荐的一种握法，原因是它与我们推荐的硬拉中的双手正握类似。在前蹲中，使用翻握法可确保肩膀和肘部保持水平，增强身体平衡性，降低负重下进行运动时发生级联不平衡或支配问题（身体的某些部位出现过度使用或对称性失调的情况，这可能导致其他部位受到不良影响）的可能性。此外，使用加州握法可能有些棘手：当肘部下降，运动员进行运动时，杠铃有可能从颈部区域滑向上臂处。在使用翻握法时，保持恰当的胸椎伸展（四指握住杠铃，拇指自由），可以防止杠铃向前滑动，并提供更好的支撑。在进行前蹲时，应该是全程拉紧肘部和手部，以保持对杠铃的张力。

如果训练者没有足够的灵活性用来保持使用翻握法时的高肘位置，那么有一些练习可以提供帮助。泡沫轴胸椎伸展是通过在胸椎下方横放一个泡沫轴来完成的（图 6.2）。在不抬起臀部的情况下，进行此练习的目标是在弯曲中背部的同时使脊柱伸展（而不是腰部）。在开始训练和组间休息时，每组重复 6 ～ 12 次这样的练习，可以帮助训练者的脊柱在实际运动中保持正确的姿势。

图 6.2　泡沫轴胸椎伸展

前蹲：大块头

假如在前蹲时使用翻握法或者加州握法，一些大块头训练者会经常面临问题，因为他们全身肌肉太多，没有足够的空间来握住杠铃。一些臂膀非常粗壮的训练者，由于肱二头肌挡住了手在杠铃上的位置，因此他们无法使用翻握法。强制要求这些训练者在进行前蹲时采用翻握法可能是不切实际的。然而，一个简单的技巧是使用绑带将杠铃固定住，这样可以让训练者舒适地将杠铃放在正确的架位上，而不需要直接将手放在杠铃上，从而获得保持肘部向上的空间（图 6.3）。

图 6.3　绑带辅助式颈前杠铃深蹲架位

脚跟抬高式哑铃深蹲

对于个子较高、腿部较长和大腿较长的训练者来说，要完成深蹲需要依赖其足背屈能力。对于大腿更长的人，为了让髋部下降到膝盖以下，保持脊柱相对垂直的角度，其需要更强的足背屈能力。由于前蹲的负重在身体前部，因此膝盖会更向前越过脚趾完成屈曲。然而，如果训练者的踝关节灵活性不足，就会出现身体前倾、手肘下垂或脚跟抬起等问题。

缺乏足背屈能力可以通过抬高脚跟来改善——在这种情况下，抬高脚跟比穿举重鞋或站在薄的杠铃片上要有用得多。使用斜坡板或楔形物将整个脚放在斜面上，可以使脚处于跖屈程度较高的位置（图 6.4a）。由于身体的其余部分保持垂直，因此从这个起始位置开始下蹲，意味着有更多可供背屈的空间。所有这些意味着膝盖将被允许向前移动，而不会使脚跟从地面上抬起，并且脊柱将能够保持直立（图 6.4b）。

值得注意的是，像这样的下蹲肯定会使股四头肌成为目标肌肉，因为膝关节屈曲的程度相较于髋关节屈曲的程度会更高，因此膝关节伸肌（股四头肌）

图6.4　斜板深蹲：a. 起始位置，b. 完成位置

会有充足的活动。在本章后面，我们将讨论对于大腿较长的人来说，如何在深蹲时让后链肌肉更多地参与到运动中。

哑铃可以被加入脚跟抬高式深蹲中，训练者将手持哑铃，像提着两个手提箱一样（图 6.5a）。这同时也是一种当训练者的上半身不够灵活时进行深蹲的

图6.5　脚跟抬高式哑铃深蹲：a. 起始位置，b. 完成位置

方法，旨在使训练者深蹲时保持身体直立。每次深蹲时使哑铃落在脚跟旁边，可以确保完成高质量的脚跟抬高式哑铃深蹲（图 6.5b）。使用斜板或楔形物可能会迫使训练者的双脚间距比正常的深蹲站姿下的双脚间距窄，但抬高的脚跟将创造更多的空间，可以实现窄间距深蹲，而不需要任何代偿。

深蹲：小腿较长者，个子较矮者

训练者拥有较长的小腿，意味着其在深蹲时会较少依赖足背屈，并且深蹲的最大幅度很可能会受到限制。同样，个子较矮的训练者在深蹲时可能会寻求更多的张力时间，以便在较小的动作幅度下充分发挥肌肉的作用。尽管进行箱式深蹲或进行局部范围的深蹲仍然会对训练者产生好处，但它们可能不会充分利用这些类别的训练者的人体测量学特征。

对于这些体型的训练者来说，确定促进其达到最佳动作幅度的深蹲站姿尤其重要。在进行深蹲时进行反复试验，以及使本书第 22 页介绍的髋部后推练习，将帮助训练者实现这一诉求。确定了最佳深蹲站姿后，处理负荷应成为首要任务。

最佳变式：慢速、离心停顿式深蹲

这项训练及其对训练者的益处并没有什么神秘之处：在深蹲的离心阶段增加几秒承载重量的时间，可以消除任何力量和势能在升降过程中的传递。这使得推起过程更加实际，但也迫使训练者保持专注并保持整个身体的张力。

值得注意的是，训练者在停顿式深蹲的底部很容易放松身体，让身体处于完全屈曲的状态，而不进行任何有意识的收缩。肌肉通过肌腱与关节相连接，如果肌肉不够活跃，尤其是在末端范围内，可能导致关节松弛，进而使训练者容易受伤。由于关节经常在改变位置时受伤，所以肌肉通过进行控制运动模式的训练（如在力量房进行的训练）来强化对它们的支撑。有意识地激活更多围绕关节的肌肉，以更好地支撑关节反映了辐射定律的定义，该定律表明：募集做功肌肉的邻近肌群，可以增强所涉及动作的力量和稳定性。

等长深蹲

等长深蹲不仅是增加肌肉耐力的一种方式，而且可以降低受伤风险，同时还可以加强大多数训练者在练习力量曲线时容易忽视的部分。对于较矮的训练者或下肢因人体测量学因素而受到深蹲幅度限制的训练者来说，这是补充他们训练方案的一个很好的选择。然而，这并不是指简单地进行全程自重深蹲并在底部停顿一段时间，这会导致缺乏最大限度的收缩。我们应在训练者深蹲的底部放置一根安全杆（或在深蹲底部的可调节挡杆上放置一个超负荷的杠铃）。训练者在杠铃下以深蹲姿势准备，并向上施加最大张力，尝试顶着杠铃上的重量站起来，目标是站起后坚持 15 ～ 30 秒。

在各种膝关节角度下进行等长深蹲可以刺激神经系统，促进力量的增强，同时以理想的方式使肌肉疲劳，促进肌肉增生。我们建议将这种等长训练方法与经典的等张训练方法相结合，并且不认为力量或发展的增益仅来自等长肌肉收缩的训练，它应该是对训练方案的补充。对于那些具有特定障碍的训练者来说，尽管传统的训练方法仍然有意义，但等长训练可以在训练中占比略大。

深蹲：大块头

具有大量肌肉的举重运动员通常会受到灵活性的限制。因此，他们在为典型的后蹲和前蹲进行姿势设定或寻找正确的技术时可能会遇到麻烦。这种对运动能力的限制通常表现在以下几个方面。

1. 肩部灵活性不佳，导致前蹲时无法保持正确的架位，或在后蹲时扭曲肘部。
2. 躯干体积过大，导致髋关节灵活性不足，需要采用较宽的站距以获得更好的空间（这样腹部区域不会阻挡腿部实现更深的膝关节屈曲）。

无论身高如何，对于大块头来说，这些限制通常都会存在，并且会为本可以进行良好深蹲和拥有强大力量的训练者带来挫败感。因此，对于这类训练者来说，首要任务是充分利用自己的灵活性，而不考虑其体型。深蹲活动度练习有助于所有训练者完成深蹲，但我们认为这个练习对于大块头训练者更加有用。进行这个练习时，训练者需要以舒适的足间距下蹲到较深的位置，他们可以忽略自己的脊柱姿势（脊柱不必是中立的，对于这个练习，脊柱稍微弯曲是可以接受的）。训练者一旦到达深蹲的最低点，就将肘部插入两膝之间，然后轻轻向外推。在这个动作过程中，理想的状态是通过抬高胸腔并锻炼中上背部的姿势肌，使得身体保持挺拔的状态。接下来训练者将双手放在脚的内侧，将其中一只手抬向天花板，确保将上半身转向对应的一侧，手还在地面上的那条手臂将阻止其同侧膝盖向内塌陷。然后，训练者更换手臂并重复练习，最后站起来。在进行任何深蹲之前，根据需求尽可能多地进行这样的练习，可以帮助训练者挖掘自己的潜力。现在是时候考虑最适合大块头训练者的深蹲变式了。

最佳变式：安全杠深蹲

根据经验，我们发现安全杠深蹲更容易让训练者采用更宽的足间距，这对于大块头训练者是通用的。然而更重要的是，安全杠与杠铃的固定方式不同。安全杠深蹲是一种背负式的运动（使用时安全杆靠在斜方肌上），但其轭式设计使握柄置于身体前方，与后蹲或前蹲相比，握柄位置更低。安全杠深蹲对于那些不适应杠铃训练的训练者来说，是真正可以保护其肩膀和肘部的锻炼方式，而且往往可以使训练者蹲得更深，因为训练者不需要过度关注将杠铃置于上背部的正确位置，所以这允许他们达到更深的下蹲深度。例如，在前蹲的情况下，一个训练者可能下半身具有足够的灵活性来进行深蹲，但胸椎或肩部的灵活性可能不在同一水平，这可能导致其肘部过早下垂，杠铃在深蹲过程中（随着躯干的移动）向前移动，进而导致训练者下蹲深度不足，为保持效率要做更多的功。

在后蹲的情况下，许多大块头训练者会采用低杠铃位置（即将杠铃放在肩胛骨的下方，而不是放在斜方肌较多的部分）。这几英寸（1 英寸 =2.54 厘米）的差异可以极大地影响后蹲时的身体几何力学结构。在后蹲的起始和完成位置，髋关节并不完全伸展，杠铃必须保持在脚中央的上方，这意味着躯干需要向前倾斜。当杠铃位于背部的较低位置时，躯干需要向前倾斜相应的角度。这意味着在深蹲期间，髋关节伸展更少，躯干倾斜更多，并且下蹲深度可能会更浅。

安全杠允许训练者采用高杠铃位置，而不会受到刚才提到的限制。由于训练者的肘部可以舒适地放在身体两侧（图 6.6），因此训练者可以更加注重下半身的灵活性，并以更直立的躯干姿势达到更深的深度。训练者需要记住，即使

图 6.6　安全杠深蹲的中期阶段

图 6.7　肘位较高的安全杠深蹲

手放在握柄上而不是杠铃上，仍然要保持张力，将肩膀向下收紧以锻炼上背部是一种明智的做法。确定肘部和握柄的最佳位置也很重要，这取决于训练者的舒适程度及手臂的长度等。手臂较长的大块头训练者可能更喜欢握柄略微向外（向上）倾斜，而不是垂直向下。手握在这个位置会略微提高肘部（图6.7），训练者应注意防止在下蹲时肘部与大腿或膝盖接触，否则会缩小动作幅度。根据安全杠握柄的长度（可能因杠铃而异），这会是一个关键的调整。将肘部稍微向外弯曲也可以避免其与大腿或膝关节接触，这取决于训练者的足间距和安全杠握柄之间的距离，因为对于不同的训练者和安全杠，这两者都可能会有所不同。

值得注意的是，安全杠的重量因型号而异，但通常都比标准的45磅（约20千克）的奥林匹克杠铃要重。安全杠的典型最低重量为65磅（约29千克）。

弗兰肯斯坦深蹲

前文介绍颈前杠铃深蹲的部分建议将使用绑带作为颈前负重深蹲的一种技巧，弗兰肯斯坦深蹲则是另一种不会牺牲负荷的选择。弗兰肯斯坦深蹲强制身体在进行一种无手握持深蹲的同时保持直立。这听起来好像会严重限制训练者的负荷，但实际上训练者只需要适应一下就好了。要使用这个变式，训练者需要将杠铃放在身体前侧三角肌后面的位置（前颈架）。杠铃应该在颈部附近，最好嵌在颈肩之间的天然缺口中（图 6.8a）。一旦负荷被放置在了前颈架上，训练者需要小心地将手从杠铃上移开，并将手臂向前伸直，略微向上倾斜。必须确保任何因素都不影响这个姿势：肘部不应弯曲，手在整组动作中都不能下放（图 6.8b）。双手掌心相对，握紧拳头可以帮助维持张力。

这种手臂姿势可以平衡力量，因为训练者所承载的一部分体重现在处于比正常情况下更远离身体中心的位置。所有这些因素都可以使得身体呈更高、更直的深蹲姿势，并有利于实现更大的动作幅度。在每次动作的底部进行停顿，可以帮助训练者控制负荷并确保杠铃的移动路径不变。建议重复较少的次数，如每组重复 5 次。对于没有安全杠的训练者来说，弗兰肯斯坦深蹲是一个合理的选择。

图 6.8　弗兰肯斯坦深蹲：a. 起始位置，b. 完成位置

髋部挂带深蹲

　　髋部挂带深蹲机并不常见，这种设备主要由以改善运动表现为导向的健身房购买，通常为力量举或健美团体所用。使用髋部挂带深蹲机可以完全排除手和臂的作用，同时由于缺乏轴向负荷，脊柱可免受过度应力的影响（Joseph et al., 2020）。事实上，对于在传统深蹲中缺乏灵活性的大块头训练者来说，这是一个绝佳的选择。

　　在使用髋部挂带深蹲机时，训练者可以施加的负荷能与重型杠铃深蹲或安全杠深蹲相媲美，因为髋部挂带深蹲机的两侧通常有完整的片式负重柱或插销叠片式配重台可供选择。

　　髋部挂带深蹲机有一个面向训练者的扶手，允许训练者在动作中轻微地用手扶住，以保持训练者专注于动作机制以及对下半身肌肉的调动（图 6.9a）。由于下半身被孤立，这种装备更适合高重复次数的训练，而不是低重复次数的训练，髋部挂带深蹲甚至可能是主要训练的辅助训练之一。使用这种训练时，训练者无法完全实现髋部的伸展，因为具有一定负荷的负重带围绕着下背部区域。如果训练者的目标是避免竖脊肌和腰方肌等腰部肌肉参与脊柱伸展动作，那么这种训练是有益的。然而，训练者所能达到的躯干角度仍将在深蹲的底部对腘绳肌和臀肌施加足够大的机械张力（图 6.9b）。

图 6.9　髋部挂带深蹲：a. 起始位置，b. 完成位置

髋部挂带深蹲的替代方法：负重腰带深蹲

正如前面提到的，髋部挂带深蹲机在健身房中比较难找到，如果你没有使用这种设备的条件，可以采用替代方法：使用一个负重腰带和两个稳定的脚垫平台［高度超过 1 英尺（约 0.30 米）应该就足够了］。

负重腰带并不等同于举重腰带，两者常常被混淆。举重腰带在第 5 章中提到过，用于稳定脊柱并可调节松紧度。它提供的支撑和增加的稳定性可以改善像深蹲、硬拉、过顶推举和奥林匹克举重等举重动作的表现和安全性。使用负重腰带严格来说只有一个目的：为通常的自重训练（如双杠臂屈撑）增加外部负荷。有策略地使用负重腰带可作为髋部挂带深蹲的替代方法。

将杠铃片或壶铃悬挂在负重腰带上，站在脚垫平台上，就可以进行该练习全程动作范围的训练（图 6.10a）。顺便提一下，应尽可能减少挂在负重腰带上的杠铃片的数量，例如，使用 4 个 25 磅（约 11 千克）的杠铃片代替 2 个 45 磅（约 20 千克）的杠铃片，会使杠铃片占据的两腿间空间的宽度加倍，这可能会让训练变得更加困难。由于这种训练是替代方法，因此还有其他需要考虑的因素，例如负重的限制［负重很难超过 150 磅（约 68 千克），以及负重挂在两腿之间会产生轻微的摆动（图 6.10b）］。这不是一种主要追求力量增长的深蹲变式，就像髋部挂带深蹲一样，它应该被用作高重复次数的辅助训练。

图 6.10 负重腰带深蹲: a. 起始位置, b. 完成位置

高个子训练者，腿部和大腿均较长的训练者，重视后链肌群的训练者

这些人需要通过较大的胫骨前倾角度来完成深蹲，这无疑意味着与普通体型的训练者相比，这些人的股四头肌的参与程度会更高。如果使用深蹲模式的目标之一是发展腘绳肌和臀肌，那么这可能会让人感到沮丧。出于这些原因，深蹲的基本形式（前蹲或后蹲）可能并不适合这些训练者。

低杠位箱式深蹲

低杠位箱式深蹲可以使胫骨保持得更加垂直，同时训练者可以通过向后移动臀部来坐在箱子的中间。箱子的高度不应该是训练者的全蹲深度，而应该在训练者下蹲时大腿与地面平行的高度左右（图 6.11a），以确保骨盆不会前倾。这将使腘绳肌保持紧张状态，不会损失髋部伸展所贡献的力量，同时会增大活跃肌肉所需的功率和力量输出，以使训练者完成深蹲的动作（McBride et al., 2010）。

我们建议在进行低杠位箱式深蹲时穿平底鞋，而不是举重鞋，以确保胫骨与地面保持得更加垂直。此外，在箱上坐下时（图 6.11b），不能放松肌肉。肌肉必须在整个动作过程中保持完全紧张。做该动作时应使用足够大的负荷，以

图 6.11　低杠位箱式深蹲：a. 起始位置，b. 完成位置

使训练者坐下并消除势能，但负荷也不能过大，否则脊柱会偏离其正确的位置。在该动作中，将双膝和双脚打开，使用稍微宽一些的站距可以帮助增加后链肌群的活动，并且有助于股内侧肌肉更多参与其中。

自由杠平行深蹲

交替进行低杠位箱式深蹲和没有停顿的自由杠平行深蹲，可以作为训练方案中一个有益的选择，后者与前者涉及相同的肌群，同样强调锻炼后链肌群，但后者还涉及低杠位箱式深蹲中没有的拉长 – 缩短周期。几乎任何负重器械都可用于平行深蹲，包括安全杠、杠铃、单哑铃或壶铃。如果目标是增加力量，进行两种变式时都应该负载足够大的重量，同时注意膝关节的舒适度。再次强调，做这些深蹲时最好穿平底鞋，而不是具有明显高跟的鞋子，以保持更垂直的胫骨角度。

主动减少下蹲深度，也会减少对膝伸肌群（也就是股四头肌）的依赖。然而，在深蹲训练中，策略性地使用静态拉伸是一种有效的方法。静态拉伸可以暂时削弱肌肉的神经参与，并最终使其短暂减弱。训练者可以利用这个原理，在深蹲模式中寻求更多的臀肌或腘绳肌的活动。在深蹲的组间休息时间中，用大部分时间进行股四头肌和髋部的静态拉伸，可以迫使它们在移动负荷时较少地参与其中，将更多做功转移到其他肌肉上，比如臀肌和腘绳肌。这样，即使在常规的深蹲训练中，训练者也可以充分利用后链肌群完成做功。

膝关节不适者的深蹲负荷

硬拉是一种垂直拉训练，因此对下半身的关节影响较小。我们很少遇到客户因硬拉而抱怨膝关节压力，因为硬拉是以后链肌群为基础的动作。此外，硬拉需要几乎垂直于地面的胫骨角度，这意味着几乎没有膝盖超过脚趾的姿态，大部分动作依赖于膝关节伸肌和关节囊完成。而深蹲是一种推力训练，这意味着力量直接作用于关节，身体需要承受这种重量并向上推起。对于大多数膝盖健康状况不佳的训练者来说，这意味着几乎任何深蹲变式都会给自己带来麻烦。我们发现，除了之前受过伤的训练者，个子较高、腿部较长和消瘦的训练者往往也有慢性或急性膝关节疼痛的历史，这些训练者即使掌握了很好的技术，在进行深蹲时也会加剧伤痛。原因在于完成深蹲所需要形成的胫骨角度（即大幅屈曲膝关节）会增加膝关节的压力。前链和后链肌群之间的力量差异会加剧不适情况，因为在这个复杂的肌肉系统中，每块肌肉并不总是能最大限度地发挥作用。

更高的屈曲程度伴随着膝盖更大的前移，这通常会对关节的结缔组织造成更大的压力，而训练者在动作底部承载负荷，需要产生足够的扭矩才能恢复站立姿势。为了使需要更大胫骨角度的人进行深蹲，阻力曲线值得被仔细研究。阻力曲线通常会与力量（或力）曲线混淆，但两者并不相同。力量（或力）曲线描述的是肌肉在一个动作的每个阶段的力量（或力）输出变化情况。然而，阻力曲线描述的是训练者所举的物体的性质。例如，在普通的哑铃肱二头肌弯举的某些部分，哑铃会加大做功肌肉承载的负荷，变得更难被举起；而在另一些部分，哑铃会减小做功肌肉承载的负荷，变得更容易掌控。尽管运动模式完全相同，但将工具从哑铃更改为阻力带、壶铃或链条将显著改变训练时的阻力曲线。

链条 / 阻力带深蹲

将链条固定在杠铃上，或者使用阻力带（一端绕在杠铃上，另一端固定在地面上），可以改变训练者的阻力曲线（图 6.12、图 6.13）。由于关节在动作

图 6.12　链条深蹲：a. 起始位置，b. 完成位置

底部变得更加脆弱，而且此时大部分链条在地面上，因此身体所承受的重量相对较小（与在动作顶部更多的链条脱离地面相比）。同样，在动作底部的阻力带的张力比在动作顶部小。这种方式既可以使神经系统承受与训练者最大努力相媲美的阻力，又可以保护关节免受每个动作底部的大负荷影响。总体来说，这对整个身体（特别是膝盖）的健康状况有很大的帮助。

触带式深蹲

在推起负荷的过程中，借助一些辅助手段克服阻力并不容易，训练者最常

图 6.13　阻力带深蹲起始位置

依靠反向阻力带装置来实现。将阻力带的一端环绕在力量架顶部，并将另一端环绕在杠铃上。这样阻力带在深蹲动作的底部（此时杠铃离地面最近）被拉伸得最长，从而为训练者提供最大的帮助。随着杠铃的上升，阻力带的张力减小，训练者获得的帮助也会减少。问题是，在许多健身房中，这样做的整体难度较大或缺乏适当的设备，触带式深蹲并不容易实现。例如，力量架（图 6.14a）不同于深蹲架（图 6.14b），因为它没有悬挂阻力带的高位架杆，不利于用来进行触带式深蹲。在了解这些限制之后，想办法利用现有的设备达到相类似的效果还是很有必要的。

对于寻求增加力量的训练者来说，其可以改变触带式深蹲的规则。它不仅在动作底部为训练者提供帮助，还通过在动作组内给予训练者触觉提示来增强其信心。如果训练者在增加下蹲深度上有困难，触带式深蹲也可以在重载下提供一定的稳定性。

通过在安全栓上绑上一根紧绷的阻力带，并将其放置在训练者所需的高度，这样阻力带就可以在深蹲时轻轻地支撑训练者，从而减轻在该位置上膝盖受到的压力，这对于在负重运动中感到关节（包括膝关节）不适的人来说非常有用。这种方法的绝妙之处在于，如果需要更多帮助，只需添加更多阻力带即可。这

样便可以创造出恰好所需的动力，帮助训练者从底部顶起沉重的负荷，并且训练者仍然能够承受大部分负荷，包括在锁定位置时。

特别是在负荷更大的训练组中，利用这个方法可能正如使用医生所开的处方一般。为了正确进行这个练习，训练者以常规的方式在架子上进行后蹲或前蹲，并将可调节的挡杆置于在距离训练者下蹲底部深度（以臀部为参考）之上 6 ～ 12 英寸（15.24 ～ 30.48 厘米）的位置。

将一根或多根阻力带拉过挡杆，确保它们拉紧且保持平整。注意它们的位置，并确保它们在深蹲底部与训练者的臀部下缘对齐。位置太靠前的话，它们就不能提供帮助了；位置太靠后的话，训练者可能会完全错过它们。

接下来，训练者将起杠并向后退，直到距离阻力带 4 ～ 6 英寸（10.16 ～ 15.24 厘米）（图 6.15a）。下一步是全程深蹲，确保臀部与阻力带有良好的接触。在保持良好的动作形态的同时，让阻力带帮助启动向心动作（图 6.15b）。每组动作重复 3 ～ 6 次。

图 6.14 力量架与深蹲架图片：a. 力量架，b. 深蹲架

图 6.15　触带式深蹲：a. 起始位置，b. 完成位置

护膝

最后，穿戴护膝可以像使用举重腰带一样有益于训练者的脊柱。护膝起的压缩作用可以稳定关节，给予训练者信心，甚至在深屈位时，由于材质的张力，护膝可以帮助训练者从底部站起来。根据我们的经验，很少有训练者说戴护膝比不戴时，膝盖感觉更差。特别是当负荷很大时，是需要穿戴护膝的。即使是简单的张力套，也可以提供训练者所需的支持，但是力量训练专卖店提供的性能导向的护具更加厚实和耐用。训练者需要选择最适合自己的装备。

深蹲的理想辅助练习

辅助练习的动作可能不完全相同，但它们仍然有过渡效应。没有什么比练习深蹲本身更能强化深蹲，但以下练习可以显著影响膝关节和髋部的伸展，适用于所有体型，可以强化深蹲时的力量和技巧。

- 腿部推举（对于大力量训练者尤为有效）
- 弓步行走
- 后脚抬高式分腿深蹲
- 腿部伸展
- 腿弯举（我们格外喜欢使用俯卧腿弯举作为热身方法，从后侧预热膝关节；以3组或4组腿弯举开始深蹲训练，总是会让深蹲训练变得更令人愉快）

在本书涵盖的所有举重模式中，深蹲模式可以说是最具争议的。除了动作的关键原则之外，不同的思想流派和教练方法可能会引发诸多分歧。在这里，我们采取相对谨慎的方法，细分了可能会影响实践这些原则的人体测量学差异，同时留下足够的信息供读者决定如何将其应用于足间距、下蹲深度和双脚角度等方面。本书的目标就是使训练者摆脱围绕流行举重动作的固定指示和规则，因此，在像深蹲这样的动作中，摆脱这些约束尤为符合主题。

第7章

卧推

卧推是从胸部区域向天花板方向的水平推。人们会假设一条直线，作为从推举开始到结束的最短距离，这对卧推来说似乎是理想路径。虽然这在理论上是正确的——弧形路径会延长杠铃被推举的时间，因此会增加完成推举所需的代谢工作量——但卧推的理想路径往往会略微弯曲。弯曲的性质取决于肩部的结构以及推举时的腿部驱动力，弓形的脊柱加上腿部驱动力，将使杠铃向头部方向移动一些，然后身体的机械结构才能处于最佳状态并将杠铃向上直线推起。训练者的背部越平，使用的腿部驱动力越少，J 形弧度就越小。

虽然杠铃杆的选位很重要，但同样重要的是能够通过杠铃杆实现最佳的力量输出。例如，极宽握距的卧推虽然具备杠铃路径更短的优势，但这样做的效果对于不能通过极宽握距施加适当力量的训练者来说可能并不理想。我们应优先考虑个体的需求和偏好，而不是仅仅考虑卧推的物理学机制。

最佳的卧推体型

最适合卧推的体型可以使杠铃运动距离最短。因此，在卧推中，通常占优势的是手臂较短（个子较矮，短臂长腿，短躯干、长腿、短臂）的训练者和体型较大（大块头）的训练者。脊柱能够形成显著的弓形的训练者也可以大大缩短杠铃的移动路径，具备大块头训练者的优势。

腿的长度并不是很重要，如果训练者的腿部太短而无法与地面适当接触，那么训练者可以将脚用力踩在支撑物上。虽然卧推不需要太多握力，但手的大小可能会对卧推产生一定的影响，因为较小的手可能有助于将杠铃放置在手腕上方而不是手后面。手腕越直，杠铃越能与手腕对齐，训练者卧推时就会越有力。

对于高水平训练者（主要是力量举运动员）的研究并没有发现手臂长度

与卧推强度之间存在显著相关性（Keogh et al., 2005）。然而，任何手臂长度的劣势都可能被更大的手臂围度所抵消。虽然手臂更长意味着杠铃要移动更长的距离，但也意味着训练者拥有更大的肌肉组织生长区域（Caruso et al., 2012）。肌肉发达的训练者无论手臂长短，卧推的 1RM 都较高。归根结底，无论四肢长度如何，体型更大的训练者似乎都能有更好的卧推表现。也就是说，在卧推方面，较长的手臂和更大的疲劳程度之间可能存在更强的相关性，会导致表现水平下降（Bellar et al., 2010）。

卧推：手臂较长者

在卧推中，手臂较长带来的最明显的问题是杠铃需要被推举的距离更长，这似乎并不影响推举的力学机制，但这意味着运动员必须做更多功来推举杠铃（Lockie et al., 2018）。手臂较长的训练者因为在推杠时消耗的能量比手臂较短的训练者更多，所以其面临的疲劳风险更高。如果训练者具有以下特点，则可以在某种程度上解决这个问题。

1. 背部足够柔韧，能够形成非常显著的弓形。

2. 躯干足够大，可以弥补杠铃需要移动的大部分距离。

手臂较长的训练者进行卧推时也会产生更多扭矩，因为杠铃距离支点（即肩胛骨和肘关节）更远，这意味着这些关节周围的肌肉必须产生更多力才能移动杠铃。在这里，各个部分的长度也很重要——例如，肱骨的长度会影响肘关节和肩胛关节所承受扭矩的大小。

长臂训练者的技巧

　　较短的躯干可能会使长臂训练者处于特别不利的位置，因为训练者的弓背程度受躯干长度的限制。以下建议对任何长臂训练者，尤其是手臂较长且躯干较短的训练者来说都是有用的。

双脚后收

　　通过双脚后收，训练者的背部弓度自然会增加（图 7.1）。即使训练者身体的柔韧性不是特别好，这里任何额外的高度都有利于增加卧推时能够举起的负荷。双脚后收的结果是一些腿部推力会流失，但杠铃路径的缩短是有益的。

图 7.1　双脚后收式杠铃卧推

采用宽握法

　　采用宽握法是解决杠铃推举距离问题的一种方法，但对许多人来说，采用宽握法的卧推可能并不是最强劲的卧推方式。此外，力量举比赛对握距有一定的限制，因此如果训练者计划参加比赛，那么他们便不能超出规定的范围。然而，采用略宽于肩宽的握距，或者达到力量举联盟允许的极限宽度（如果训练者是参赛者），都有助于缩短推举的距离。

　　采用宽握法进行卧推可能会增加肩部受伤的风险，特别是在杠铃下降时，因为在这种姿势下，肩膀的外旋和外展幅度很大（Green et al., 2007）。随着手臂向肩宽的 1.5 倍及以上的范围延伸，受伤的风险会增加。如果训练者在这个姿势下感到不适，建议采用较窄的握距。

保持杠铃的 J 形路径

　　对于手臂较长的训练者而言，在动作底部时，必须确保杠铃置于胸部的位置，与最有利于他们发力的杠铃路径保持一致。当身体处于卧推姿势时，超过杠铃最高点的任何区域都会进一步增加杠铃需要被推举的距离，因此哪怕是极小的距离差异都很重要。多次进行卧推训练可以最大化增加卧推时的力量，这样训练者可以相对容易地完成适当的训练量（Grgic et al., 2018）。在每次训练中，训练者应专注于让杠铃落在胸部的确切位置，并巩固卧推时，杠铃的 J 形路径。

由于杠铃路径较长，手臂较长的训练者必须在胸部强劲发力，以获得足够的势能来完成整个动作而不感到疲劳。他们还需要专注于强化克服卧推过程中的停滞点，以防止杠铃在被推举到顶点之前停滞。多种卧推变式可以在这些方面提供帮助。

最佳变式：半程卧推

一个可以增强卧推上半部分的力量和耐力的练习是半程卧推。它的设置与卧推类似，但架子上的可调节挡杆或安全杆置于距离杠铃在胸部上的正常落点大约 3 ～ 5 英寸（7.62 ～ 12.70 厘米）的位置（图 7.2a）。由于杠铃在挡杆或安全杆处停止，训练者需要在没有胸部牵张反射的情况下产生力量（图 7.2b），这将增强其在容易泄力的区域中的卧推力量。半程卧推还可以增强肱三头肌的力量，这对于长臂训练者尤为重要。

图 7.2　半程卧推：a. 起始位置，b. 完成位置

地面卧推

训练者如果不是竞技运动员，那就不一定非要在卧推凳上进行卧推。地面卧推对肩关节更加友好，同时提供了一个更易掌控的杠铃移动范围。此外，长臂训练者在推起杠铃的后段可能会感到疲劳，而针对这个范围进行训练，可以增加该范围内的力量和肌肉耐力。

地面卧推的动作与在卧推凳上进行的卧推类似，不同之处在于训练者仰卧在地面上，而不是卧推凳上，双脚平放在地面上，膝盖弯曲（图 7.3a）。地面卧推中，手肘的路径受到地面的限制，因此这个动作是一种局部卧推。地面卧推和标准卧推的另一个主要区别是，在地面卧推中没有腿部推力，因此该动作

图 7.3 地面卧推：a. 起始位置，b. 完成位置

完全由上半身驱动（图 7.3b）。这个动作对于腿的位置并没有确切的要求，一些训练者喜欢将腿伸直，而另一些训练者则喜欢弯曲双膝，将脚掌放在地面上。腿的位置通常不会影响地面卧推的质量。

链条 / 阻力带卧推

使用链条或阻力带进行卧推是一种强化顶端力量的方法（图 7.4）。在这类卧推中，训练者仍能够在将杠铃推离胸部时产生巨大的力量，因为杠铃在底部时最轻。随着更多链条离开地面，或者阻力带被拉伸得更长，训练者所需承担

图 7.4 链条卧推

的负荷会变得更大。这类卧推有助于训练者从胸部产生尽可能多的势能，以克服停滞点，并通过在顶端锁定动作时承载比平常更大的负荷来提供神经反馈。

垫板卧推

垫板卧推是另一种长臂训练者可以使用的方法，可以在没有底部起始伸展的情况下，加强训练者通过停滞点的动作能力。它类似于平板卧推，与平板卧推的区别在于在胸部上方放置了一块有一定厚度的垫板（图7.5a）。杠铃将触碰垫板而不是胸部，从而缩短杠铃路径（图7.5b）。垫板底部通常配有握柄，就像一个桨，以便训练伙伴可以将其固定在训练者的胸部上方；这是进行垫板卧推最安全的方式之一，因为不稳固的垫板可能会滑动。还有一些产品可直接附着在杠铃杆上，以达到与垫板相同的效果，为独自训练的训练者提供更安全的选择。

虽然垫板没有标准的宽度，但大多数垫板的宽度为1～2英寸（2.54～5.08厘米），并且可以根据需要进行堆叠。训练者可以使用任意数量的垫板来在特定的推举范围内训练。训练者必须首先识别他们力量最薄弱的推举范围，然后使用适当数量的垫板以在该推举范围内进行专门的训练，并增强通过相应停滞点的力量。这些局部推举范围训练是一种能够增加训练量而不会使肩膀过度紧张的方法。这些训练不仅可以增加力量，而且还可以提高肌肉肥大的程度，而更多肌肉量会带来更好的卧推表现。

相较于全程卧推，训练者在像垫板卧推这样的局部卧推训练中能够推起更

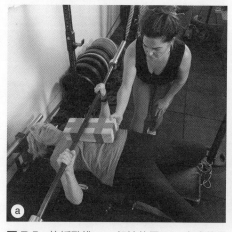

图 7.5　垫板卧推：a. 起始位置，b. 完成位置

大的负荷。当全程卧推已经使训练者感到疲劳时，垫板也可以用来使训练者继续以相同的负荷进行训练，从而在同一次训练中完成更多训练量。

反向悬挂带卧推

在反向悬挂带卧推中，最好使用力量架和长的阻力带。将阻力带的一端固定在力量架顶部，即在训练者卧推时杠铃所在位置的正上方。将杠铃杆的一侧穿过阻力带，使带子固定在架子的顶部和杠铃杆上（图7.6a）。另一侧也要使用相同的方法。确保两根阻力带的张力尽可能一致，以便在杠铃的两侧提供相同的阻力。

图 7.6　反向悬挂带卧推：a. 起始位置，b. 完成位置

　　将带子的自由端绕在杠铃上，放在训练者喜欢的任一侧的杠铃片旁，只要带子均匀地在杠铃上分布即可。在正式开始训练之前，卧推几次来测试一下，如果带子将杠铃拉离路径，就需要调整带子，使其与杠铃路径平行（图7.6b）。

　　将阻力带固定在力量架顶部可以提供与传统阻力带卧推相反的刺激。在传统方法中，阻力带固定在力量架底部，当杠铃在胸部时，阻力带提供额外的一部分重量，随着杠铃被推举，阻力带被拉直，负荷会变得更大。阻力带提供的阻力的大小取决于其厚度和新旧程度，以及与它们连接的架子的高度。

　　这是长臂训练者可以使用的一种方法，可以使长臂训练者更安全地超负荷卧推，从而以比全程卧推更大的负荷完成训练。这也是有效突破卧推动作中的停滞点的好方法，就像在卧推底部添加链条或阻力带一样。使用链条或阻力带，训练者可以在卧推顶部承载更大的负荷（Swinton et al., 2011）。

1.5 倍行程卧推

　　在 1.5 倍行程卧推中，训练者将杠铃向上推到一半，然后将其放回胸部，再进行一次完整的卧推。长臂训练者可能会从这种局部和全程卧推的组合中受益，原因如下。

- 每次推举的过程中，训练者都能在胸部到推举停滞点之间获得额外的训练量。1.5 倍行程卧推可以增加特定动作范围内的力量（Newmire et al., 2018），特别强劲的底部发力能够帮助长臂训练者将杠铃推起更长的运动行程。

- 1.5 倍行程卧推中的额外训练量可以增强肌肉耐力。长臂训练者更容易因为要将杠铃推举更长的距离而感到疲劳，1.5 倍行程卧推是增加运动量的绝佳方式。

- 将部分范围的动作与全范围的动作结合起来，有可能最大限度地提高肌肉肥大程度（Newmire et al., 2018）。更大的臂围和身体围度对于增强卧推力量来说很重要，1.5 倍行程卧推是可以用来增加肌肉量的一种方法。

肱三头肌强化

当长臂训练者的握距和肩宽一致时，其握距相对于短臂训练者来说变短了。因此，与短臂训练者相比，长臂训练者在卧推动作底部时，手臂和躯干之间的角度通常会更小，需要肱三头肌产生更多的力量来推举杠铃。加强对肱三头肌的锻炼应该在长臂训练者的训练方案中得到重视。我们将在第 12 章讨论卧推的辅助训练动作，其中，泰特推举是一种与卧推相关的肱三头肌练习。

窄距卧推

窄距卧推（图 7.7）的力学原理基本上与传统卧推相同。握距与肩同宽或略窄于肩宽，或者大约为 16 英寸（40.64 厘米）（Lockie et al.，2017）。窄距卧推可以增加肩部的外展幅度（Lockie et al.，2017），这可以帮助减少肘部外展的倾向，肘部外展则是训练者肱三头肌较弱时常见的问题。较窄的握距、肘部内收的姿势也可以减轻肩部的压力（Lockie et al.，2017）。 与短臂训练者

图 7.7 窄距卧推：a. 起始位置，b. 完成位置

相比，长臂训练者在窄距卧推的姿势中，会因为胸肌和三角肌前束的更大伸展幅度而使肩部承受更大的压力，因此添加窄距卧推到训练方案中，对于长臂训练者而言是可以以更低受伤风险增加推举量的绝佳方式。

窄距卧推增加了肱三头肌的活动量，并减少了胸锁部位肌肉的活动量（Lehman，2005）。尽管所有的卧推握法都会募集肱三头肌，但窄距握法能够显著增强肱三头肌的力量。由于肱三头肌负责在肘部伸直手臂，因此窄距卧推可以帮助训练者在卧推顶部获得更强力的锁定状态。

上斜卧推

当倾斜的训练凳被用于上斜卧推（图 7.8）时，躯干的大小可能变得不那么重要，除非训练者的胸部上部呈现显著的胸肌膨胀。上斜卧推可以是卧推训练方案的绝佳补充，可以更多募集三角肌前束和胸肌上部纤维（Rodríguez-Ridao,D., et al., 2020），并提供替代平板卧推的方法，以帮助减少重复性应力损伤的风险。

进行上斜卧推时，训练者应首先选择训练凳倾斜的角度。大约 30 度的角度会更加强调训练上胸部区域，而 45 度或更大的角度会更加强调训练三角肌前束并减少对胸大肌的激活（Rodríguez-Ridao,D., et al., 2020）。一旦选定了角度，训练者就将身体置于杠铃下方，并选择所需的握距。对于大多数训练者而言，握距略宽于肩就足够了。窄握和宽握的上斜卧推也可以使用，原因和进行方式同平板卧推一样。对于标准的上斜卧推，前臂在理想情况下应垂直于地面，脚掌应放在地面上，膝盖与脚踝对齐（即避免膝内扣或膝外翻）。

训练者将头、上背部和臀部放在训练凳上，从架上取下杠铃，用手臂垂直于地面和肘部锁定的姿势稳定杠铃。在进行上斜卧推时，像进行平板卧推一样，将肩胛骨向下和向后拉动，这样有助于肩膀处于更好的推举姿势，并且有助于稳定重量。然后，训练者将杠铃拉到胸部，同时保持胸部和肩膀的"张开"姿势。在动作底部时，将两侧肘部向彼此拉动可能会有所帮助。当杠铃触及上胸部时，训练者用脚蹬地，而不是抬起身体，将杠铃向上推离胸部，之后将其落回到起始位置，注意不要外展肘部。

图7.8　上斜卧推：a. 起始位置，b. 完成位置

　　上斜卧推也可以使用哑铃或壶铃进行，这也能够提供类似于哑铃 / 壶铃卧推的益处。如果有需要，训练者也可以进行单侧上斜卧推，这会迫使训练者稳定身体，以对抗不平衡的重量。

反手卧推

如果训练者希望更大限度地募集胸大肌的胸锁部位，那么他们可以将手掌旋转，让拇指在杠铃杆上相对（图7.9）。这种握法可以保持对肱三头肌的募集，并保持胸大肌的活性（Lehman，2005）。此外，这种握法可以显著募集肱二头肌，这有助于更好地稳定肩膀。

图7.9 反手卧推

反手握法可以防止肘部外展，对于肩部受伤的训练者来说，这可能是更舒适的握法。它也可以加强手腕的力量，这对于保持正确的杠铃位置至关重要。然而，进行反手卧推时，杠铃往往会落在身体较低的位置，且不像传统卧推那样沿着J形路径运动。因此，它并不适用于练习卧推技术，但训练者在需要或希望进行替代性的卧推时，可以选择这种形式。

手臂较长、躯干较短的体型，可能会为卧推带来挑战，但恰当的训练方案和动作姿势可以极大地提高这种体型的人的表现水平。如果卧推存在问题，且传统卧推对训练者来说不是必须进行的动作，前面的许多建议都可以提供类似的益处。

卧推：手臂较短者，大块头

手臂较短者和大块头在卧推方面往往表现出色，因为他们的卧推路径较短。然而，为手臂较短的训练者提供额外的挑战，以实现更好的训练效果可能是有用的。比如停顿式卧推这类降低卧推效率的练习，或哑铃 / 壶铃卧推、弯曲杠卧推这类增加卧推幅度的练习，即使是拥有理想体型的训练者，这些练习也可以帮助他们进一步提高卧推能力。

最佳变式：哑铃 / 壶铃卧推

进行哑铃 / 壶铃卧推，是长臂训练者在抵达卧推最低点时增强力量的一种方式，也是手臂较短者或大块头实现更大动作幅度的一种绝佳方式。

哑铃 / 壶铃可降低至胸部以下（图 7.10a），因此训练者利用它们可以训练更大的活动范围。哑铃 / 壶铃卧推还允许训练者在整个运动过程中更自由地放置手臂，因此对于肩部疼痛的训练者而言，这种动作可能比杠铃卧推更舒适。进行哑铃 / 壶铃卧推时，两臂必须提供相等的力量来举起哑铃或壶铃（图7.10b），因此这可以是减少臂力差异的一种方式。

当训练者持壶铃时，手腕必须保持笔直。由于壶铃放在手臂后面，对手腕保持伸直状态提供阻力，因此使用壶铃进行卧推可能有益于增强手腕屈肌的力量，从而有利于形成更好的杠铃卧推姿势。

图 7.10　哑铃卧推：a. 起始位置，b. 完成位置

停顿式卧推

在卧推的底部停顿几秒有几个好处。首先，它使得训练者可以稳定且准确地找到杠铃在胸部的落点。对于长臂训练者来说，杠铃能否接触身体上的正确位置，对训练者能够举起多少重量会产生巨大影响。对于手臂较短者或大块头来说，停顿式卧推相较于其他卧推效率降低了，更具挑战性，因此可以改善整体卧推表现。

停顿式卧推还可以防止训练者通过反弹将杠铃推离胸部（这是一种常见的欺骗手段，用于将杠铃向上推起），这也迫使训练者更好地控制下降阶段，从而降低受伤风险并提高杠铃路径的准确性。

弯曲杠卧推

使用弯曲杠（图 7.11）能增强训练者的卧推力量，它能提供比传统卧推更大的动作幅度。使用弯曲杠进行训练，可以增加卧推的速度和功率输出（Krysztofik et al., 2020）。弯曲杠利用了拉长 – 缩短周期，有助于训练者将杠铃推得更高，因此非常适合长臂训练者。对于手臂较短者或大块头，这也是一种帮助扩大卧推时的动作幅度的绝佳工具。

使用弯曲杠时，由于肩部在卧推的低点会受到更大限度的牵拉，因此可能会增加肩部受伤的风险。如果训练者在使用弯曲杠的过程中出现疼痛，请避免进行此练习或其他任何可能造成疼痛的练习。

图 7.11　弯曲杠

手的大小和卧推

因为较大的手提供了更多潜在的杠杆作用面积，所以手较大的训练者在进行平板卧推时，可能更难将杠铃正确放置在手腕上方。杠铃的正确放置不仅对实现强力的推举非常重要，还有助于降低受伤的风险。手腕位置不当也可能导致肘部处于不良的位置，这也会对肩部产生负面影响。

手腕绑带在力量举竞技比赛中被广泛使用，对于那些在卧推时难以保持手腕竖直的训练者来说可能是有用的。手腕绑带可以帮助其稳定手腕，防止手腕过度伸展。加强手腕屈肌的力量对于保持正确的杠铃位置非常重要。

钩状型肩峰和卧推训练

如果训练者有 Ⅲ 型（钩状型）肩峰（图 7.12），无论手臂长度如何，进行卧推时都可能会感到特别不舒服。这种骨骼结构通常与肩部挤压和滑囊炎有关，并且可能导致肩袖完全撕裂（Inklebarger et al., 2017）。有钩状型肩峰的训练者在向下运动的离心阶段可能会感到特别不适。针对这种形态或卧推过程中伴随着疼痛的情况，训练者最好使用其他不会加重伤势的胸肌训练动作。如果卧推会引起疼痛，并且这种动作对于训练者来说并不必要，那么做其他替代动作可能是最好的选择，如俯卧撑、飞鸟、绳索夹胸等。另外，训练者也可以进行哑铃 / 壶铃卧推。

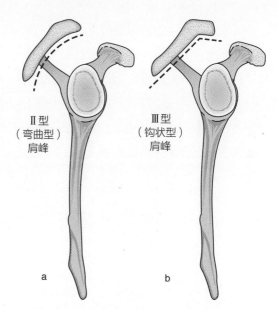

图 7.12 Ⅱ 型肩峰与 Ⅲ 型 肩峰形态对比：a. Ⅱ 型（弯曲型）肩峰，b. Ⅲ 型（钩状型）肩峰

使用多握柄杠铃

使用多握柄杠铃（图 7.13）可以进行多样化的卧推练习，它也有许多与特定运动相关的用途。手臂较长或肩膀疼痛的训练者可能会发现，中立抓握或倾斜抓握提供了更舒适的推举姿势。多握柄杠铃可以让手肘更靠近身体，

图 7.13　多握柄杠铃

从而降低肘部外展所带来的受伤风险。

虽然某种特定体型的训练者在进行卧推时，会使杠铃行程变长，且这是一个很大的劣势，但训练者可以通过多种方式来弥补这一点。从改变身体的姿态（例如提高弓背程度）到改变身体的尺寸（例如增加肌肉量或躯干围度），再到通过不断克服动作过程中的停滞点来提高力量水平，卧推表现水平可以通过许多方式得到指数级的提高。即使是那些在任何情况下都很难做好卧推的训练者，这个复合动作也值得练习，因为它是增加上半身肌肉量和提高水平推力的绝佳方式。

第 8 章

过顶推举

据我们所知，大部分关于人体测量学的研究都集中在卧推上，而现有关于身体各段长度和奥林匹克举重（抓举和挺举）这种过顶推举之间的关系的研究则很少。目前对运动员的研究样本较少，因此需要更多的研究来得出有关人体测量学和垂直推举之间关系更确切的结论。尽管如此，根据目前可用的研究、生物力学知识和我们作为教练的经验，似乎垂直推举和水平推举在运动学机制和人体测量学要求方面存在一些共通之处。

最佳的过顶推举体型

与卧推类似，具有更多肌肉的训练者似乎在过顶推举中表现更佳（Pérez et al., 2021）。虽然从身体结构角度来看，更大的躯干对卧推有帮助，但是佩雷斯（Pérez）及其同事发现，至少对于奥林匹克运动员而言，更轻的体重和更少的脂肪对于过顶推举很重要。我们可以据此引出两种可能适合过顶推举的理想体型。

1. 根据佩雷斯的研究，在体重相等的情况下，较短的四肢提供了更好的机械优势，有助于取得更好的推举表现。
2. 较长的四肢提供了更大的表面积，因此有利于拥有更多肌肉。

因此，对于过顶推举来说，理想的体型可以是四肢较短或四肢较长。无论如何，理想的推举方法将因训练者的体型差异而有所不同。过顶推举是测试上半身力量和整体力量稳定性的绝佳方法，因此它对于任何体型的人来说都是一个有价值的举重动作。对于因肢体类型原因而难以完成杠铃军事推举的人来说，以下建议可以使其更容易地完成推举。

过顶推举：前臂较长者

无论四肢长度如何，相对于整个手臂长度，前臂较长的训练者在推举动作起始时就处于劣势。在架杠位置上，杠铃的理想位置应该在肩膀前面的顶部。

然而，较长的前臂会使杠铃比肩部更高，因此训练者无法将杠铃放置在最佳位置上（图8.1）。这种姿势对某些人来说可能会出问题，因为在推举中使用的任何腿部驱动力都可能无法很好地转化为推举力量，这可能是由于身体和杠铃分离开来了。

当上臂相对较短，而前臂相对较长时，训练者可能会试图通过向后拉动肘部来将杠铃强行放置到位。这会使前臂处于尴尬的角度，使其难以高效地向上转移力量。在推举中，前臂的理想位置是尽可能垂直于地面，杠铃放在手掌下部，紧贴腕骨（图8.2）。任何偏离这个位置的姿势都会导致推举力量不足。以下是两种针对前臂较长的训练者的过顶推举的变式。这些训练者也会受益于本章后面提到的坐姿推举。

图 8.1　前臂较长者的架杠位置

最佳变式：实力推举

实力推举是一种纯粹使用肩膀和手臂、没有腿部动作的站立推举，从杠铃处于身体的架位开始，纯靠肩膀和手臂将杠铃直接向上推举。由于没有腿部发力，实力推举需要更多肩膀和手臂的力量。对于无法正确放置杠铃的训练者，无论是因为前臂较长还是上半身灵活性较差，该动作都非常奏效。实力推举是发展纯粹的向上推举力量的绝佳锻炼

图 8.2　架杠时理想的前臂位置

手段之一，虽然使用腿部力量可以增加向上推举的重量，但实力推举只考验上半身的力量。

地雷推举

地雷推举（图8.3）非常适合无法将杠铃放在最佳架位的训练者。对于肩膀疼痛的训练者，这也是一种不错的动作，可以作为训练不同角度的过顶推举的辅助动作。地雷推举可以增加向上推举的训练量，同时可以降低损伤风险。进行地雷推举时，前臂与推举的轨迹垂直，因此在架杠时手臂无法与地面保持垂直的训练者很适合做这个动作。

图8.3　地雷推举：a.起始位置，b.完成位置

过顶推举：躯干较长者

在向上推举的初始阶段，躯干可以稍微移动一下，但不要夸张地向后移动。在向上推举中过度依赖后倾是一个常见的错误。许多训练者因感觉在更水平的方向上更有力，或者可能缺乏必要的肩关节灵活性而向正上方推举。一些训练者向后倾斜也是因为害怕横杠打到自己的脸。然而，在过顶推举中后倾会对下背部造成过度的压力，并增加杠铃路径，使推举变得更加困难。躯干更长的人在向上推举过程中后倾，可能会使他们处于某种特定的受伤风险之中，因为相较于躯干较短的训练者，负荷距离下背部更远。

最佳变式：坐姿推举

坐姿推举（图 8.4）可以在有或无躯干支撑（靠背）的条件下进行。无论采用哪种方式，以坐姿进行推举都可以减少躯干向后倾斜的倾向。它也消除了任何腿部发力的作用，就像实力推举一样，推举工作完全由上半身完成。因此，对于前臂较长或其他无法将杠铃准确放置的人来说，这是一种有用的练习方式。

图 8.4 坐姿推举：a. 起始位置，b. 完成位置

Z 形推举

　　像坐姿推举一样，Z 形推举消除了腿部的驱动力，迫使躯干保持直立。Z 形推举显著募集了后链肌群，这使它成为增强肩部稳定性的好练习。Z 形推举不仅对于躯干较长的训练者有用，对于手臂较长的人也奏效。

　　Z 形推举需要训练者身体坐直，双腿伸直放在前方（图 8.5a 和图 8.5b）。如果需要，训练者可以通过加宽腿部间距的方式，让髋部在髋臼中处于更加舒适的位置（图 8.5c）。如果柔韧性存在问题，训练者也可以坐在一个小台阶或平台上，将髋部抬高几英寸（1 英寸 =2.54 厘米）。

图 8.5　Z 形推举：a. 起始位置，b. 完成位置，c. 改良位置

由于缺乏腿部驱动，支撑面积较小，以及对于稳定性和灵活性的要求较高，所以进行坐姿推举和 Z 形推举时需要使用比进行站姿推举时小得多的重量（尤其是 Z 形推举）。

过顶推举：手臂较长者

与卧推类似，在过顶推举中，长臂可能是一个劣势。长臂训练者进行过顶推举时，杠铃需要移动更长的距离，而疲劳可能也会比手臂较短的训练者更快出现。过顶推举与卧推不同的是，拥有更大的躯干并不能改变杠铃需要移动的距离——长臂训练者比短臂训练者有更大的动作范围。由于杠铃远离肩关节和躯干，对于长臂训练者来说，稳定杠铃也可能更具挑战性。

增强肱三头肌、上背部、躯干和肩部稳定肌群的力量，将极大地增加长臂训练者过顶推举的力量和动作质量。下面是过顶推举的变式。

最佳变式：固定位推举

固定位推举有助于训练者通过特定的停滞点来增强推举能力。针对过顶推举中最薄弱的点进行练习对任何训练者都很有价值，但由于长臂训练者在完成推举的过程中更容易感到疲劳，因此借助停滞点来增强力量尤其有用。

固定位的设置将取决于训练者想要训练的动作范围。例如，训练者如果想要增强完成推举的能力，则应将固定位设置在推举的一半以上的位置。训练者如果更感兴趣的是在推举的中间范围进行训练，则可以将固定位设置在推举的一半以下的位置。

训练者从所选择的固定位开始推起杠铃，然后控制其下降到固定位，接着再次推举。其姿势应与全程推举相同，因此训练者必须注意避免出现代偿模式或习惯性的局部动作。

哑铃推举

使用哑铃进行过顶推举可以迫使双臂在运动中均等地做功，这样可以解决力量和稳定性不平衡的问题。训练者进行哑铃推举时，虽然可能无法推举起与使用杠铃时一样的重量，但哑铃推举可以满足训练者对增强单侧稳定性的需求，并增加了双臂和肩部肌肉的稳定性做功，这也可能降低肩部损伤的风险。但哑铃比杠铃更加不稳定，因此即使使用较轻的重量，也会对肩部稳定性提出挑战并增加三角肌的激活程度（Saeterbakken et al., 2013）。

值得注意的是，在杠铃推举中，手部位置是固定的，而在哑铃推举中，双臂可以自由移动。因此，使用哑铃进行推举时无法复制杠铃的移动路径。哑铃推举可以作为一种替代练习，对减轻肩部压力和减少杠铃推举中重复性应力的影响非常有用。

借力推举

借力推举（详见 43 页）是一种非常好的方式，相比于缺乏腿部驱动力的推举，它可以让训练者推起更大的重量。借力推举也可以为长臂训练者提供力量并使其克服停滞点，且可能比实力推举完成得更快。对于长臂训练者来说，在较长的杠铃推举行程中加速推举可以减少疲劳产生的机会。借力推举也有助于增强躯干肌肉（Bishop et al., 2018），因此这对于躯干较长的训练者也是一种非常有用的锻炼手段。

过顶推举：大块头

对于训练者而言，拥有一副健壮的身躯，在过顶推举方面的确是一种优势，这意味着他可以推起更大的重量。然而，肩、臂较大的训练者可能会遇到一些灵活性方面的挑战。虽然身型整体较大并不一定意味着必定存在灵活性问题，但在过顶推举中，这类人往往难以将双臂放置在正确的位置上。当然，任何体型的训练者都可能存在肩部活动度不足的问题。

下面提供了适用于手臂较长或柔韧性和灵活性受限的训练者的过顶推举变式。哑铃推举和地雷推举是适用于这类训练者的绝佳动作。此外，这些训练者可能会发现以下动作同样非常有用。

六角杠固定位推举

六角杠固定位推举对于体型较大的训练者有许多好处。六角杠的结构不会迫使训练者内旋握柄，它提供中立握柄，这使许多体型较大的训练者或具有灵活性问题的训练者感到更加舒适。此外，每次将六角杠举起并放置在固定位上，可以使杠铃保持适合特定训练者的动作范围。如果训练者希望在这个动作中练习借力推举，那么他们可以将固定位降低。

圆木推举

　　大力士是世界上最强壮的一类人（Kraemer et al., 2020），圆木可能是大力士训练者的理想器械。圆木提供了一个中立握柄，就像六角杠一样，许多肩部存在灵活性问题或有伤的训练者可能会觉得圆木非常有用。由于圆木体积较大，握柄距离身体接触点较远，因此圆木推举的动作范围比杠铃推举更小。尽管在大力士运动中，挺举通常是圆木推举的标准动作，但许多圆木都可以架在深蹲架上，因此训练者可以直接从深蹲架上开始推举而不需要先拉起它。

　　圆木推举需要训练者的躯干向后倾斜更大幅度——头向后倾斜，目光向上，背阔肌张开，上臂尽可能垂直于地面，以使肘部朝向前方（图8.6a）。借助这个姿势，训练者可以进行实力推举或借力推举，并可以按照所需方式将圆木举过头顶。最终的姿势类似于杠铃推举——手臂保持锁定状态，头前推，位于两

图8.6 圆木推举：a.起始位置，b.完成位置

臂之间，上臂与耳朵位置大致平行（图 8.6b）。

高位推举：手臂较短者

对于手臂较短的训练者来说，与卧推类似，其可能会从能够降低推举效率的动作中受益。在胸部或固定位停顿几秒，是降低推举效率并帮助短臂训练者突破力量瓶颈的有效方法。对抗固定杆的推举也是提高短臂训练者上举爆发力的绝佳方法，可以帮助其克服停滞点。

最佳变式：等长推举

在这个练习中，可以只使用杠铃杆。训练者将安全杆或可调节挡杆设置在他们推举中的最薄弱点处（或任何所需高度，取决于训练者想要锻炼的区域）。当杠铃杆达到安全杆或挡杆的位置时，训练者要继续尽全力推举，持续 5 ～ 30 秒（图 8.7）。由于这是绝对最大用力的训练，所以训练者不需要在同一天的训练中以同一个角度重复此动作。如果想要再做一组，则应进行相应的休息。

图 8.7　等长推举

过顶推举的理想辅助练习

考虑到过顶推举的要求——需要垂直推举力量，同时发展三角肌和肱三头肌，保持脊柱中立（而非伸展），以下练习可以作为过顶推举的辅助练习。

· 中式平板支撑

· 腹肌轮滚动

· 单臂哑铃抓举

· 哑铃侧平举

· 法式推举

任何举重运动都可以通过辅助练习来大大提高表现水平。在过顶推举中，强壮的肱三头肌和稳定的支撑基础特别重要。

第 9 章

引体向上

许多人认为卧推水平是衡量上半身力量的最佳指标，但是从卧推的具体要求和细节来看，它并不像其他举重运动那样重要。在"推"的练习方面，过顶推举能够提供更多功能并促进关节的健康。过顶推举中没有太多对动作范围或技术进行作弊的余地，这使得过顶推举成为一项更加困难的举重运动，你要么表现强劲，要么根本无法完成。尽管如此，在衡量上半身力量的练习中，我们认为很少有比引体向上更好的练习了。

无论采用何种技术，引体向上都是一种无法作弊的练习，训练者需要具备很强的上半身力量才能在不借助任何辅助的情况下完成引体向上，它是对后链肌群特别是上背部和中背部肌肉力量的体现。当然，由于垂直拉的模式，肱二头肌也在完成强劲的引体向上过程中发挥了重要作用。

需要注意的是，反手引体向上和正手引体向上经常被混淆，但是你可以通过手的位置来区分它们。反手引体向上采用反握握法（掌心朝内）（图 9.1a）。正手引体向上则采用正握握法（掌心朝外）（图 9.1b）。正手引体向上的双手间距通常比反手引体向上的双手间距宽一些，因为两个动作的手腕和肘关节的舒适度有所不同。虽然我们在这里着重强调反手引体向上，因为它更受欢迎和更常见，但它的大多数技巧也适用于正手引体向上。

在标准动作中，反手引体向上要求双臂完全伸直，脸部要尽可能超过横杆，以在完成位置达到最大限度的肘关节屈曲。上背部和背阔肌的募集取决于训练者在完成动作的过程中如何"设置肩膀"，即是否在拉起过程中压低和向后收缩肩胛骨。当然，根据自己的体型，训练者还需要考虑其他一些因素。

图 9.1 不同引体向上的卧法：a. 反手引体向上的握法，b. 正手引体向上的握法

最佳的引体向上体型

从一点移动到另一点的距离越短，引体向上效果越好。但这并不意味着要减小可用的动作范围，而是训练者应具有使移动距离更短的身体比例。该动作涉及的肢体是手臂，因此更短的手臂将使得持续张力时间更短，也使得训练者具备更强的引体向上能力。此外，引体向上是一种纯粹的自重训练，因此它展示的是相对力量而非绝对力量。体型较小、体重较小、经过训练的人具有更强的相对力量，而体型更大、体重更大的训练者具有更强的绝对力量。因此，体重较小的个体可能会有更好的引体向上表现。

引体向上还需要相当高程度的身体控制。由于身体悬挂在横杆上，随着动作重复次数的增加，身体很容易失控摆动。个子较高、手臂较长的人仅仅是试图减少不必要的运动，以便专注于引体向上的标准上下运动模式，就要消耗大量额外的能量。因此，相对来说，身体整体较矮的训练者可以在引体向上方面表现得更为出色。总之，个子较矮、肢体相对身体较短且整体体重较小的体型是最理想的引体向上体型。

引体向上：个子较高者，手臂较长者

由于这两种类型的训练者进行引体向上时需要移动的距离较大，因此我们首先需要了解一下进行引体向上的目的，然后考虑锻炼所需的生物力学机制。个子较高或手臂较长的训练者，很可能需要在动作起始位置和完成位置之间，花费大量时间进行张力传递。这个大幅度的动作范围会导致早期疲劳（在动作重复次数方面），并且可能会导致肘关节大幅度屈曲，从而使肱二头肌疲劳。对于大多数训练者来说，在增强力量或增肌后，将引体向上加入训练方案，目的是将背部肌群作为主要的锻炼对象，想要成功做到这一点有赖于使用正确的技术。

如果我们认同背阔肌是引体向上的主要驱动肌肉，那么值得思考的是这些肌肉的附着点在哪里。它们的附着点位于肱骨的结节间沟上，即上臂的高位（图9.2）。从解剖学的角度来说，这个附着点不会改变，无论上臂的长度如何，该附着点的位置在人与人之间是非常一致的。换句话说，背阔肌的附着点并不完全按照上臂的长度比例分布，即使手臂较长，其位置和其他体型也相差无几。即使相差几毫米或一两厘米，也无法解释长臂个体与短臂个体之间 12 ～ 15 英寸（30.48 ～ 38.10 厘米）的臂展差异。这一切都引出了一个问题：当训练者手臂较长时，在什么手臂角度下，会产生最大限度的背阔肌收缩？

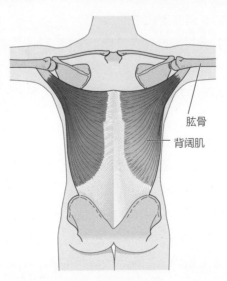

肱骨

背阔肌

图 9.2　背阔肌附着在肱骨上

　　相比于较短的手臂，在较长的手臂上，背阔肌附着点和肘部之间可能会有更多空间。这意味着，手臂较长的人进行引体向上，即使动作完成时背阔肌完全收缩，肘部仍离躯干较远［甚至相差几英寸（1英寸=2.54厘米）］。

　　强制背阔肌进行超出自身活动范围的运动，只会刺激其他肌肉，如斜方肌上束和肱二头肌会更多地参与协助。这本身并不是一件坏事——这些肌肉确实是该动作所需的一部分，但是它们参与得越多，背阔肌的发展就会受到越大的限制。这表明，手臂较长的训练者最好在完整动作范围的前几英寸（1英寸=2.54厘米）处停止，以完全收缩的感觉作为新的动作完成标志，而不是像躯干接触横杆那样使用身体结构作为终点，这也可以理解为只需要使嘴巴过杆，而不必使整个头部和颈部都过杆。这里还有另一个非常重要的原因：肩胛骨滑动。

　　在理想的情况下，肱骨头位于肩胛窝内的关节中心处，这个球窝关节就是人们所说的肩关节。但是，在肩关节伸展的深度范围内，这种居中状态可能会丧失，肱骨头会向前滑动，使得训练者处在对于这样一个易受伤关节而言不利的位置承受负荷（训练者可能会感到肩部不适，因为关节处于一个不稳定或容易受伤的状态）（图9.3）。当人们在训练凳的边缘做平板臂屈伸时，经常会出现这种情况（图9.4a）。

　　在可能的情况下，应避免肩胛骨滑动，在引体向上所需的肩关节伸展中也不例外（图9.4b）。一旦背阔肌达到完全收缩的状态，斜方肌上束的参与就会开始抬升肩胛骨（这是它们的功能），将肩胛骨从其理想的下沉位置拉起来完成动作。追求更大的动作范围会导致肩膀完成动作时处于不利位置，这对动作本身的效果或身体都是没有好处的。对于手臂较短的训练者来说，这个问题要小得多；而对于手臂较长、需要移动更大范围的训练者来说，这个问题要严重得多。这就是使用"胸骨贴杠"作为动作完成标志不可靠的原因。

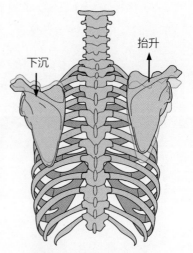

图9.3 肩胛骨抬升和下沉位置的示意图

图 9.4　动作完成时的肩胛骨滑动：a. 平板臂屈伸完成时的肩胛骨滑动，b. 引体向上完成时的肩胛骨滑动

最佳变式：屈臂悬垂

　　屈臂悬垂是一种等长收缩练习。我们选择等长收缩作为引体向上的主要变式有几个原因。首先，相较于等张收缩，等长收缩中背阔肌处于完全收缩状态的持续时间更长，正常的引体向上只会使背阔肌短暂地达到这种状态。此外，这种变式还能有效防止肱二头肌的参与，而且允许训练者自定义起始位置。

　　为了进行屈臂悬垂，训练者站在横杆下面，与横杆保持较近的距离（通常站在踏板或箱子上）。接下来，训练者借助踏板或箱子跳起拉杠，直至引体向上的顶部位置，目标是在背阔肌完全收缩的状态下保持该姿势至预设时间（图 9.5）。在这期

图 9.5　屈臂悬垂动作保持位置

间，肩膀很容易离开原位（上抬并且前伸肩胛骨），因此重点是保持挺胸和颈部伸展的姿态。

这个动作对于长臂训练者特别重要的原因之一是，它在最大收缩点创造了等长收缩期。将其与硬拉或深蹲中的等长收缩动作进行比较，后者通常是在向心动作开始时进行等长收缩的，这完全改变了动作的需求。在最大收缩点进行等长收缩是加强向心末端范围的好方法，虽然在引体向上中，这对于手臂较长的训练者来说是一个挑战，但同时它也有助于提高训练者的灵活性，使其获得最大的主动活动范围。在引体向上中，在胸部以下的位置停下可能是必要的，因为这可以避免肌肉之间的失衡竞争，关节也可以正常地达到应有的活动范围。举个例子，如果与胸部或斜方肌上束的紧绷程度相比，背阔肌比较薄弱，则不需要太大的牵引空间，肩关节就会滑动，因为背阔肌无法充分收缩，以克服上臂的早期前移。虽然这种移动可能是不可避免的，但它可以更晚发生。

初期以持续 30 ～ 45 秒的等长收缩为目标是一个理想的起点，这应该能够极大地帮助训练者增强拉力、肌肉耐力，强化动作技术和增加背部肌肉量。

架式引体向上

在引体向上中出现不必要的摆动可能是一个问题，当涉及更大幅度的动作时，这个问题通常会更严重。因此，轻轻地将脚放在台阶或箱子上，可以在不会提供太多额外帮助的前提下帮助训练者建立控制。

架式引体向上的机制是让腿承受一些负荷，这有助于训练者做出更严格的引体向上动作，使训练更加集中于上背部和中背部的肌肉发力。此外，这对于想要增加背部肌肉大小的训练者来说是一个很好的选择，可以帮助这类训练者专注于每次动作中的顶部短暂停顿或等长收缩。

要正确进行架式引体向上，训练者有几个选择。首先，他们可以在标准引体向上杠下放置一个长椅或一个脚踏板，将其作为放置双脚的平台（图 9.6a）。只要平台足够高，让腿在手臂完全伸直时屈曲到接近 90 度，这个平台就是合适的。对于架式引体向上，标准的准备姿势是让脚略微位于杠（和身体）后面。当向顶部位置拉动时，轻轻用腿施加压力向上推，可以提供适当的辅助和控制，这样训练者可以最大限度地实现孤立训练的效果（图 9.6b）。

图 9.6　架式引体向上：a. 起始位置，b. 完成位置

引体向上：大块头

　　对于体重更重、体型更大的训练者来说，问题可能不在于动作中某个具体的技术，而在于其庞大的体型使得重复完成动作变得更加困难。对于这类训练者来说，尽管他们在其他如深蹲和硬拉等动作中表现出色，但他们在反手或正手引体向上方面往往表现不佳。究其原因，除了块头太大这个事实外，似乎没有其他合理的解释。

　　考虑到这一点，我们热切希望给这类训练者提供一个合适的引体向上变式列表，以便他们能够进阶到下一层次。但实际上，技术可能很快就会分解。作为一项背部主导的运动，在引体向上中，训练者应该可以完成多次重复，以锻炼他们的姿势肌所需的必要肌肉耐力，训练者要选择适当的锻炼方法来实现这一点。

最佳变式：离心式引体向上

　　增加任何练习的离心时间，都将增强训练者在举重的两个阶段（离心和向心阶段）的能力。虽然在动作的向心收缩部分，肌纤维会疲劳，但仍然会留下

驼背

脊柱功能障碍——驼背值得我们简单地探讨一下。在第3章仔细介绍脊柱（图9.7a）时，我们介绍了身体的灵活性问题。驼背影响胸椎，即上背部和中背部，导致圆背的姿势（图9.7b）。大多数人认为它只影响脊柱，但这种脊柱形状的变化也会对背部和胸腔产生影响。当处于驼背状态时，胸椎和胸腔上方的肩胛骨位置会发生改变，它们会被向上和向外推，成一个更加不正常的翼状形态。伴随着这种变化，身体的前侧常常因为胸腔闭合和肩膀前伸而变得短且紧张，这可能会导致肩痛，甚至可能会使练习引体向上变成一个禁忌。

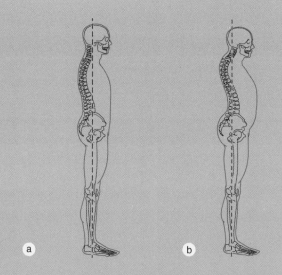

图 9.7 理想对齐的脊柱与后凸脊柱对比：a. 理想对齐的脊柱，b. 驼背－后凸脊柱

说到背部的锻炼，一些人认为任何选择都是有益于发展肌肉、促进肩部健康和矫正姿势的好选择。从逻辑上看这很有吸引力：加强上背部，打开前侧，保持平衡。怀着良好的愿景，人们会加倍地进行拉模式的运动，其中包括引体向上，并认为它们是最佳的强化练习，对纠正体态和促进肩部健康有非常积极的影响。

然而，当某人的脊柱长期屈曲到驼背的程度时，标准的自重引体向上可能不是最好的选择。在驼背姿势下，肩胛骨会向外凸起成翼状，一个人在肩关节

图 9.8 驼背对脊柱和肩部活动的影响：a.（驼背）脊柱和肩部的伸展受限，b.（驼背）在杠上完全伸展肩部

处的手臂屈曲幅度会受限。做任何超过头顶的动作时，驼背都会导致代偿，这通常发生在腰部（图 9.8a）。保持手臂伸直、拉杠悬挂的姿势，似乎是增加活动范围的好方法，但实际上，对于一个活动能力不足的训练者来说，这并不利于肩部健康（图 9.8b）。如果一个训练者无法自然地形成这个姿势，那么将手固定在横杆上以形成这个姿势并不是真正的解决方案。

这个问题可以通过调整架式引体向上来解决。将架式引体向上中的平台放置位置从身体后方改为前方，这样可以让训练者将整个身体轻微向后倾斜，从而更好地解决肩关节灵活性不足的问题，同时使用自身体重作为阻力来训练过顶拉。假如采用 V 形坐姿，将双腿向前方伸直（脚跟放在平台上），这可以提供一个更为舒适的躯干角度，同时仍然能够从腿部得到一定程度的辅助。或者，将平台向身体移动几英寸（1 英寸 =2.54 厘米），以腿部屈曲开始动作，对于那些发现这样做更加舒适的人来说，这是另外一个选择。最重要的是，驼背可能需要得到专业从业人员的关注，具体取决于驼背的严重程度。由于绝大多数举重训练都要求训练者保持脊柱挺直和肩膀向后的姿态，因此如果训练者无法满足此要求，或者无法纠正胸椎屈曲的体态，就可能带来不必要的风险。如果这适用于你的客户，你最好采取负责任的做法，让你的客户向运动治疗师或物理治疗师寻求帮助。

大量潜在的能量。举个例子：如果一个训练者说他最大的卧推重量是 315 磅（约 143 千克），那么你作为听众自然会得出以下结论。如果让这个训练者的负重增加到 320 或 325 磅（约 145 或 147 千克），他将无法将负重从胸部推开。然而，如果让这个训练者以推起 315 磅（约 143 千克）的最大用力程度，慢慢将 325（约 147 千克）磅的杠铃下降到胸部，而不是推举起来，那么他成功完成这个动作的可能性就非常高（这几乎是可以确定的）。

这表明每个人的离心力量（在动作下降阶段所产生的力量）比同等条件下的向心力量更强。由于这种力量偏差，力竭训练和动作局部训练只会增加训练者在某个动作中的总体力量，并使训练者在大部分时间中都处于张力状态下。在训练效果方面，离心引体向上的效果十分显著，特别是对于大块头训练者来说，他们肯定不需要超出体重之外的额外负载。这个动作的目标是达到完整的动作范围，并且无须在向心阶段做功。

在引体向上的横杆下面略微靠后、侧面或前方的位置放置一个平台，训练者站在平台上，以使头部与横杆非常接近。接下来，训练者跳起，直到达到引体向上的顶部位置，双手反握横杆。理想情况下，训练者应将肩部下沉并向后收，以模仿任何垂直拉模式的完成姿势。之后，训练者尝试"制动"自由下降，缓慢地向地面降低，直到手臂完全伸展，身体处于真正的放松状态。这意味着在下降过程中，训练者会忽略原本用于向心阶段的平台。然后，训练者迈上平台并重复练习。每组进行 3 ～ 6 次练习是明智的，因为次数再多一些训练者就容易失去离心控制。在这方面，目标应该是使训练者下降时使用的时间为 5 ～ 10 秒，但这通常是比较难做到的。

为了使这个动作更具挑战性，训练者可以通过在下降过程中的不同阶段停顿来增加离心等长收缩。在下降路径中的 1/4 处、1/2 处和 3/4 处停留 3 ～ 5 秒，可以产生更多的肌肉纤维张力和消耗。

中立握法引体向上和吊环引体向上

宽阔的肩膀和粗壮的手臂往往会造成某种程度的灵活性受限，这并不仅限于肩关节或髋关节的活动范围，肘部和手腕关节也可能因此而无法完全旋后，特别是当要求将手固定在杆上时。与驼背情况下的引体向上类似，当在杆上悬垂时，训练者可能看起来具有足够的柔韧性，但在徒手状态下（没有使用标志物或没有借助重力），可能无法达到同样的活动范围。

对于大块头训练者来说，中立握法引体向上能使拉动姿势更舒适，这样的调整是明智的（图 9.9）。有些人关心握法的改变会导致肌肉激活方面的显著差异，但是不同握法之间背部和背阔肌活动的差异其实很小（Dickie et al.,2017）。使用能够沿力量曲线改变握法（从中立握法到反握法）的吊环（图9.10），也是一种我们推崇的能为引体向上提供自然舒适握法的选择。从中立握法开始，最后使用掌心向内的握法（反握法）会让训练者感觉更好，而不是在整个动作过程中保持其中一种握法，而且使用这种变化的握法，不会为肌肉完成动作带来不利影响（Youdas et al., 2010）。

图 9.9 中立握法引体向上：a. 起始位置，b. 完成位置

如果你所在的健身房中没有吊环，那么购买便携式旋转握柄并将其绑在固定杆上是一个聪明而经济的选择（图 9.11）。许多绳索器械使用尼龙材质的握柄，你可以借用它们实现相同的目的，只要绑带足够长。

图 9.10　吊环引体向上：a. 起始位置，b. 结束位置

图 9.11　旋转握柄

带式辅助引体向上

　　许多大块头训练者在其他运动中可能表现得很好，但完成自重动作却很困难。使用阻力带不仅可以让训练者进行更多次的练习，还可以对阻力分布进行关键调整。在引体向上的横杆上绑上一根阻力带，将其拉伸到脚下，就像一根吊索来帮助运动（图 9.12）。由于阻力带在训练者离地面最近时被拉伸的程度最高，因此在动作的起始阶段，训练者会得到阻力带所提供的最大帮助，而在完成阶段将得到最小帮助。我们认为，对于大块头训练者来说，这是一种非常理想的、可加以利用的阻力特性。

在完全悬垂的状态下，那些在引体向上方面有困难的训练者通常倾向于通过猛然摆动身体或摆臂来产生惯性以展开运动，但这不是一个好习惯。请记住，手是固定在一个位置的，这意味着承受这些力量的关节是肩关节。任何负重关节以如此方式启动都会被认为是不安全的，也没有哪个关节比肩关节更不稳定。因此，在不使用阻力带也可以形成正确姿势之前，有一点额外的辅助是恰当的。

此外，在背部孤立训练和健美训练方面，使用阻力带减小引体向上的负荷也是有益的。在运动中增加的辅助如果可以将一组重复6～7次的动作变成一组重复10～12次（或重复更多次数，直到完全疲劳）的动作，并且能够使训练者更好地掌握正确的动作形式，那么就值得一试。这意味着更多训练量和更大的发展上背部和中背部的机会。

当然，这一切都需要谨慎对待。请记住，阻力带有不同的宽度和厚度。对于使用阻力带辅助的引体向上来说，使用太过厚实的阻力带是没有意义的，这就相当于卧推辅助者在每次动作中承担训练者所承担的一半的负重。训练者应找到适合达到目标重复次数且能够保持良好动作形态的阻力带，每次完成动作应该主要依靠身体的力量，而不是阻力带的力量。

为了获得最佳效果，可以使用一个环状的阻力带。将阻力带悬挂在用于进行引体向上的横杆上（或者其他支撑结构上，具体取决于设备的配置），并将其自身穿绕，以获得适当且安全的固定点。训练者通常将阻力带拉伸到弯曲的膝盖或脚下（图9.12a）；如果可能，我们建议将阻力带拉伸

图 9.12 带式辅助引体向上：a. 起始位置，b. 完成位置

至脚下，因为这意味着更多的帮助，同时也可以让训练者在杆下保持较为笔直的姿势，而不需要强制弯曲膝盖。将阻力带拉伸到一只脚下时，训练者还可以选择将双腿交叉放置（图9.12b）。

残酷的真相

所有这些指导技巧对体型较为庞大的训练者可能会有所帮助，但一个真正的问题是他们的体型。如果改善引体向上的表现是练习这项运动的真正目标，那么通过减少质量或体重来帮助实现这个目标是完全可以考虑的，特别是如果训练者的体脂水平较高的话。这对于任何想要改善引体向上表现的训练者都有好处。对于瘦小的训练者来说，这是一个拥有更多肌肉和更大体型并不一定总是好事的例子。这可能是一个难以接受但需要被说出来的事实，而且可能是你在另一本聚焦力量训练的书中难以找到的。

引体向上：个子较矮者，手臂较短者

在进行引体向上时，动作幅度小的训练者最主要的问题是，他们通常觉得自己的背部可以承受的重量比手臂在每次动作中所提供的力量更大。在引体向上中，很难找到某种方法来创造更大的动作范围或牵引空间，因为手臂伸展距离有限。因此，以下两个事实值得注意。

1. 背阔肌是上臂的内旋肌。
2. 单侧练习可以使背部获得更大的伸展。

基于这些事实，以下练习是增加力量和肌肉体积的更好选择。

最佳变式：胸式引体向上

胸式引体向上（图9.13）可以在保证舒适的前提下增加训练者的动作范围，特别是采用中立握法时。由于背阔肌内旋肱骨，其将过顶拉模式与水平拉模式相结合，同时在背后使两侧手肘向彼此挤压靠近，因此可以引发强烈的背阔肌收缩，并且有助于发展核心力量。因为相对于典型的引体向上，完成该动作时身体要处于更加水平的位置，所以完成这个动作需要的不仅仅是上背部和中背部的肌肉。

进行胸式引体向上时，训练者呈典型的悬垂起始姿势，并向顶部拉动，目标是让胸骨（胸中部）靠近横杆，而不是下巴或脸。训练者必须略微拱起上背部，并向后倾斜身体才能做到这一点。对于一个较矮的训练者来说，如果有良好的力量和体能基础，他是可以呈现这个完成姿势的。值得一提的额外指导技巧是，加倍努力收缩臀部，这将抵消激进的弓形姿势可能带来的任何背部压力，并帮助支撑整个后链，以便训练者更好地在上下运动中进行控制，减少不必要的摆动。

图 9.13　胸式引体向上

由于该动作具有极大的动作范围，因此完成每个动作需要更多能量，并且不能执行和普通引体向上相同的重复次数。因此，将重复次数减少约 30％ 是一个不错的调整。

带式辅助单臂引体向上

完成单臂引体向上一直是少数人能够达到的体能壮举。诚然，即使是对于最好的举重运动员来说，完成这个动作也相当困难，但通过添加一根阻力带对这个动作进行调整，可以使训练者专注于一个关键要素：当一条手臂能够达到更高位置时，背阔肌可以扩展的额外距离。当动作不是双侧对称的时，身体有机会延伸得更远。这就是在篮球运动中用单手比用双手更容易完成扣篮的原因。利用长度和张力的关系，这可以成为发展背阔肌和单侧力量的机会。进行带式辅助单臂引体向上需要进行相应的初始设置，即将一个环状阻力带绑在用于进行引体向上的横杆上。这次我们建议将阻力带固定在双脚上，而不是一只脚上。使用一个双手间距非常窄的反握握法，将身体降到完全悬垂的状态，然后将一只手松开（图 9.14a）。建议将自由手放置在做功侧的前臂上或阻力带上，这样可以避免身体过度摆动或摇晃，保持运动的线性特性，减少不必要的附加动作。接下来的步骤就是简单地完成一个完整的引体向上动作（图 9.14b），其间身体可能会朝做功的前臂一侧扭转，但只要不过度就可以接受。

图 9.14　带式辅助单臂引体向上：a. 起始位置，b. 完成位置

对于这个练习，较厚的阻力带是理想的选择，因为即使得到了辅助，做功的那只手也要承担比正常情况下更大的负荷。使用更多的重复次数来弥补较小的动作范围也是推荐的，因此专注于每组完成 8 次或更多次数，可以在发展背部和肱二头肌方面起到很大的作用。

负重引体向上

我们已经明确了，能够良好地完成引体向上的理想体型是身材较矮小，或者至少是手臂较短。因此，如果具备完成引体向上的技能，就应该充分发挥这种体型的优势。我们很难找到体重超过 200 磅（约 91 千克）且擅长引体向上的人，这些人可能足够强壮，可以做几个负重引体向上动作，但对于强化力量，这很可能不是其必需的，一位体重为 260 磅（约 118 千克）的人能用自己的方式完成引体向上就已经足够了。

然而，当杠杆较短、动作范围较小、体重较小时，训练者在进行基本形式的引体向上方面通常会有更大的进步空间。使用负重腰带或负重背心，进行带外部负荷的引体向上训练，有利于带来更多力量增益（图 9.15）。这也可以通过使用阻力带提供阻力来实现（图 9.16），以改变阻力曲线（在收缩部分的顶部，阻力最大）。

图 9.15　负重腰带引体向上：a. 起始位置，b. 结束位置

图 9.16　带式抗阻引体向上：a. 起始位置，b. 完成位置

在任何情况下，外部负荷都需要保守地添加。许多训练者认为，将脸部移过横杆是完成引体向上的唯一要求，结果就是他们在进行引体向上时添加了大量的外部负荷。此外，训练者如果无法保持正确的动作形式和技术，就不应添加任何额外的负荷，直到他们能够做好自重练习。即使只增加20磅（约9千克）的负荷，如果能用正确的技术标准地完成动作，也会产生显著的影响。

引体向上的理想辅助练习

垂直拉的模式总体上是相对简单的，除了悬垂和引体向上之外，以下一些常见的练习也有助于增强背部和臂屈肌的力量。

- 弯举变式
- 背阔肌下拉
- 划船变式
- 悬垂腿举

对于一个训练者的身体灵活性、上半身力量、动作技术，甚至体型来说，熟练掌握垂直拉的动作（在这种情况下通常指引体向上或悬垂动作）非常重要。这些动作相对简单，你要么能完成这个动作，要么不能，这和硬拉有些类似。因此，根据具体的体型应用相应的原则，可以帮助训练者完成第一个引体向上动作，或增加一点额外的重复次数，以突破瓶颈。无论如何，这个上半身动作都绝不应该被忽视。

第 10 章

划船模式

本章与第 9 章有几个相似之处，主要是因为引体向上和划船都是背部主导的上半身拉模式。尽管如此，关于划船的细节更多，训练者应该认真了解。

划船模式的适用范围很广泛，因为相对于垂直拉模式，较少人会缺乏水平拉的能力。换句话说，与引体向上相比，划船模式对肩关节健康的完整环绕幅度（尤其是屈曲）的依赖较少。因此，无论训练者的肩锁关节属于哪种类型，都可以对应找到不会对其造成疼痛的划船变式。

由于划船变式很多，因此对它们进行归类是有意义的。首先值得考虑的是最受欢迎的划船模式，并倒推哪种体型最适合该模式。常见的划船模式主要有 3 个：坐姿划船、俯身杠铃划船和单臂哑铃划船。这些划船模式常常被训练者错误地执行，因此训练者有必要重新学习正确的技术。

坐姿划船

进行坐姿划船（图 10.1）时要使用绳索滑轮器械（拉力器），它可以提供平稳、连续的力线，确保重量从开始到结束都保持一致。这对于有过脊柱或腰部肌肉损伤的训练者来说可能是一个好处，因为杠铃路径的不规则性可能会危及脊柱安全，并在力量角度变化时短暂地产生更大的应力。不同的绳索滑轮器械的结构可能会有所不同：有些具有较高的脚台，有些的脚台则较低；有些绳索和适配的滑轮会与脚完全对齐，有些滑轮则会向前延伸得更远，从而避免堆叠的配重片砸下来。

图 10.1 ∨ 形握柄坐姿划船：a. 起始位置，b. 完成位置

　　因此，对于那些腿长、臂长、躯干较短的训练者来说，坐姿划船可以为其提供很好的帮助。这并不意味着其他体型的人不能从这个动作变式中受益，而只是意味着坐姿划船的限制对这些体型的人来说更容易被消除。一个腿部较短但躯干较长的训练者，可能会受到拉动距离的限制，因为他在起始点无法向前伸展很大的幅度。因此，在尽可能远离滑轮的情况下，训练者可能会伸直腿，以让臀部在训练凳上向后滑动。这种调整的问题在于，完全将腿伸直容易导致腰椎屈曲，在理想情况下，脊柱的屈曲程度或伸展程度应该在髋关节的角度变化时保持不变。即使脊柱屈曲的力线角度与硬拉或深蹲施加的力线角度不同，但与中立或略微伸展的脊柱相比，脊柱屈曲仍然是一种不安全的姿势，必须加以防护，特别是在动作负荷更大时。

握柄、手位和肩膀的划船指南

　　进行坐姿划船时，长臂训练者需要注意肩关节滑动和拉动距离的问题。一些肩关节滑动的问题将取决于训练者使用的握姿和握柄，但总体来说，长臂训练者要使握柄与躯干接触，其拉动距离将超出他们肩关节的屈伸范围。但实际情况往往是，训练者不能保持理想的拉动姿势，导致在完成动作时，肩膀向前转动，胸部内陷，而不是肩膀在肩关节中心处（图 10.2）。

图 10.2　姿势不良的坐姿划船

　　为了避免这种情况发生，一个安全的指导方式是让训练者在上背部肌肉的最大收缩点停下来。菱形肌、斜方肌中束、斜方肌下束、三角肌后束和肩胛肌群，例如大圆肌、冈上肌和冈下肌都是划船模式的目标肌肉。相对于引体向上，划船模式没有那么强调锻炼腹肌和对整个身体的控制，所以划船模式的焦点在于孤立地锻炼上背部肌肉，而不仅仅是使训练者在运动模式上更熟练。因此，在动作的向心阶段，当肘部刚刚超过躯干时，目标肌群无法进一步收缩，此时停止动作是合理的，这通常意味着在动作结束时手柄不会接触到躯干。请记住，这对于我们正在讨论的腿长、臂长、躯干较短体型的训练者来说是可行的。

仔细审视流行的 V 形握柄

肩胛骨滑动的问题可能会根据握柄相对于躯干的位置而加剧。常见的握柄是铁质的 V 形握柄，它的握持距离通常非常狭窄，不易调整，会使肩部内旋程度随着训练者肩宽的增加而提高。这进一步证明了在每次动作中避免达到完整动作幅度，有助于集中锻炼上背部，并远离肩关节囊。此外，用下拉杆替换 V 形握柄可能是明智的选择，这样可以实现更宽的握持距离，使手与肘和肩更好地对齐（图 10.3）。在这个模式中使用反手握法，可以使上臂外旋，将肱骨头置于更好的位置，从而促进肩关节处于居中位置。

图 10.3 下拉杆宽握划船：a. 起始位置，b. 完成位置

俯身杠铃划船

　　俯身杠铃划船（图 10.4）可以使用各种杠铃握姿进行练习：握距可以较窄或较宽，正握或反握皆可。但无论使用哪种握姿，关键是在整个拉杠过程中，肘部与手掌保持在同一条直线上，并保持杠铃以直线路径运动。这个动作是非常适合增强硬拉力量和改善表现的。因此，无论体型如何，只要掌握了硬拉的正确姿势，就更容易在这个动作上表现出色。之所以提到俯身杠铃划船和硬拉之间的关系，是因为俯身杠铃划船要求整个脊柱在一组动作中始终保持中立或伸展状态。在训练过程中，训练者没有时间休息或重新调整，当身体疲劳时，脊柱可能会失去平直的状态并屈曲。更长的手臂意味着在拉动杠铃时张力时间更久，从起点到终点的距离更长（在缺乏支撑的俯身姿势下）。

　　在进行俯身杠铃划船时，身体的几何形态可能与坐姿划船的起始姿势非常相似，但是由于两个原因，脊柱将承受更大的负荷。首先，坐姿划船中臀部会被固定在座位上，无法动弹。其次，坐姿划船与俯身杠铃划船相比，重力不是直接产生影响的，坐姿划船通过与滑轮连接的绳索水平牵引重量，使重量远离地面；而俯身杠铃划船通过手臂将重量从地面直接拉到与躯干水平的位置，通过躯干和后链肌群稳定重量。

　　综上，具有较长躯干和较短四肢的训练者可能最适合进行这种练习，这样训练者可以完全集中精力锻炼上背部，而不必费力形成并保持正确的脊柱姿势。同样，由于俯身杠铃划船是从悬垂或悬浮的杠铃位置开始的，因此腿部比较长的训练者在动作的过渡阶段（在动作的离心和向心阶段之间）更容易受到杠铃与膝盖相碰的困扰。保持小腿垂直，以防止膝盖与杠铃相碰，这意味着躯干需要更平行于地面。这并不是什么坏事，只是要求训练者更具柔韧性、灵活性和具有更强的下背部力量，以保持正确的技术并有力地完成动作。然而，不能做出这些调整的训练者会在进行俯身杠铃划船时呈较为挺拔的身姿，这将使动作的目标肌群从菱形肌、斜方肌下束、三角肌后束和背阔肌转移到斜方肌上束，因为杠铃仍然会沿着同一垂直线被拉起。

图 10.4 俯身杠铃划船：a.起始位置，b.完成位置

训练者在进行俯身杠铃划船时可以采取谨慎和安全的措施：佩戴举重腰带。由于腰部在该动作中不存在真正的向心或离心部分，也不会在每次动作重复之间放松，因此进行该动作时使用举重腰带可以获得更好的支撑。该动作比一般的硬拉更需要使用举重腰带。

单臂哑铃划船

进行单臂哑铃划船时训练者通常会感到困惑，不知道在进行动作时应该集中锻炼哪些肌肉。许多人认为单臂哑铃划船的功能与坐姿划船或俯身杠铃划船相同。事实上，从生物力学的角度来看，当正确进行这些举重动作时，手和臂的位置是截然不同的。进行单臂哑铃划船时，一侧膝盖需要牢固地贴在凳子上，同侧的手放在凳子的前面，另一侧脚应该正好踩在贴凳的膝盖旁边的地面上，而哑铃直接悬垂在肩膀下方。

对于大多数人来说，相对于坐姿划船和俯身杠铃划船，进行单臂哑铃划船时，手臂相对于躯干的位置会使肩关节屈曲幅度更大。由于以中立握法握持哑铃，手臂更靠近身体中线，因此在执行该动作时需要运用略微不同的运动学机制，这将使训练者在运动中优先锻炼不同的肌肉。

与其寻找能刺激上背部肌肉的最佳角度的划船方式（这可能会非常难以精确确定），不如让肱骨的自然动作引导运动，以获得更舒适的感觉。从起始位

坐姿划船和俯身杠铃划船：解析躯干姿势和顶部晃动

在这两种划船模式中，躯干的某些运动不仅是被允许的，而且我们还特别推荐如此。只要在训练期间保持正确的脊柱姿势，适度的上半身运动便不会带来任何过度的风险或对训练造成不利。

许多人认为即使负荷非常小，在这两种划船模式中也必须保持躯干僵直。某些专家也认为，这两种划船模式需要一个稳定的躯干，这样训练者才可以举起更大的负荷。在划船时髋部有任何移动——有时被称为顶部晃动——都会被视为作弊，这表明负荷太大了。

相反，通过在这两种划船模式中加入一些上半身运动，可以有效地刺激更多的背部组织，使训练者可以安全地举起更大的负荷。相对于完全静止的躯干，动态的躯干意味着下背部不必在整组动作中都保持等长收缩。实际上，下背部的耐力水平不应该决定划船模式的有效性。当然，这么说可能有些绝对了，但许多人确实过于强调下背部的耐力，这样可能会妨碍锻炼到正确的肌肉。坐姿划船和俯身杠铃划船是许多锻炼计划中的主要动作，但它们很容易受到势能过大、身体松弛和只是走过场似的简单完成动作的影响。锻炼过程中存在通过一些借力手段来增加动作重复次数的情况，因为在划船模式中很容易进行作弊。

当不良的身体几何形态与过于激烈的顶部晃动结合时，拉动较大的负荷会变得危险。但是我们也不能就此认为在拉动较大的负荷时不能有任何形式的运动。以拉动 225 磅（约 102 千克）或更大负荷的俯身杠铃划船为例，这已经是绝大多数训练者都无法移动的负荷了，更不用说具有完全僵直和静止的躯干了。实际上，手臂所能承受的负荷是有限的。只要下背部保持轻微的弓形（理应如此），在开始拉动负荷时加入时机恰当、紧凑的顶部晃动既有益又有必要。训练者需要通过反复练习才能掌握这一时机和最佳的顶部晃动量，以便更好地完成大负荷训练。但为了拉动较大的负荷，训练者最好花时间学习这种方法，可以从使用较小的负荷进行坐姿划船和俯身杠铃划船开始。

置开始进行肩部伸展，会使肘部靠近髋部，而哑铃也应该会随之移动。使肩膀从这个点开始运动，真正让身体不与重力相抗衡，这意味着哑铃将沿着轻微弧形或扫过般的路径移动。这使避免肩胛骨滑动变得更容易，并有利于背阔肌收缩。

将单臂哑铃划船作为锻炼背阔肌而非上背部的练习方法，可能需要进一步的解释。背阔肌的肌肉纤维既不是按水平方向也不是按垂直方向排列的，而是呈斜向排列的。因此，在进行肩部伸展时，必须与这种排列方式相对应，才能最有效地对背阔肌进行锻炼，这就是下拉动作能成为单臂哑铃划船的姊妹练习的逻辑，因为下拉动作要求轻微的躯干倾斜和直臂下拉，能够有效地针对同一肌群进行锻炼。在这两种动作中，肩部伸展与相应的躯干角度相匹配，以使背阔肌成为肩关节的主要运动肌。

此外，躯干较长、下肢较短的人在进行单臂哑铃划船时，具有一些明显的有利条件：首先，地面不会妨碍手臂在每次动作的底部进行充分伸展；其次，由于手臂长度有限，无法从标准的凳子高度接触到地面，所以哑铃能够在离心和向心动作之间悬停在地面上；再者，腿部较短意味着背部会呈现从臀部到肩部向上倾斜的状态，而不是向下的状态，因此训练者会感觉自己在从倾斜的位置进行提拉。对于躯干较长的训练者来说，这些生物力学机制使其在做提拉动作时，上肢和下肢之间会存在一定空间。这很重要，因为使用这种练习的常见问题是，做功手臂的肘部会与支撑腿的大腿碰撞。防止这种碰撞的一种方法是，将支撑腿向后放置（但同时会使骨盆不对齐）。

少有调整能够帮助训练者提升此动作的表现水平，但值得注意的一个调整是在一个可调节的凳子上执行这个动作（图10.5），而不是在平凳上。将凳子调整到比平放状态高一个级别的角度，使凳面倾斜，这可能是一个比保持平放更令人舒适的设置。该调整还有一个额外的好处：将手放在略微倾斜的表面上，可以更容易使胸腔保持在较高的位置，从而更好地进行胸椎伸展。这种调整可以使肩胛骨更好地后缩，增加背部肌肉的参与，使动作更有目的性。

图 10.5 单臂哑铃划船（使用可调节的凳子）：a. 起始位置，b. 完成位置

最适合其他体型的划船变式

　　和其他举重动作一样，不同的划船变式适合不同体型的人。尽管划船动作的可变量和移动部分较少，但此概念同样适用。肩部较宽的训练者在某些坐姿划船变式中的表现可能不如肢体较长的训练者。同样，长臂训练者可能会因为肱二头肌比背部肌肉更早疲劳而提前结束练习。这些例子证明了个体差异在运动中的重要性。

划船：大块头

　　当训练者的躯干从前到后体积都很大，尤其是宽度还很宽时，需要对经典的坐姿划船进行调整。通常情况下，他们的肩胛骨和肩关节的潜在活动范围会被他们的躯干大小所限制，特别是当双手握住握柄或杠时。在坐姿划船中，使用 V 形握柄会让情况变得更糟，因为它会使肩部内旋（伴随着肩部滑动）。因此，让每只手自由移动，而不连接到一个中心点，是明智的选择。

最佳变式：反向吊环划船

　　反向划船是一种基于自身体重的运动，可以非常有效地锻炼上背部肌肉和背阔肌，同时比其他划船变式更有利于腰部健康（Fenwick et al., 2009）。使用吊环来进行反向划船可以提供许多优势，大块头训练者可以从中受益。使用一对吊环意味着两臂之间无法进行代偿或互补，而且训练者可以将手拉得比杠铃所能允许的距离（在肘部掠过躯干之前，躯干就会触及杠铃）更远。而现在，手可以拉至上背部肌肉的实际峰值收缩点（和肩胛骨的最大收缩点）才停下，这很可能比杠铃或 V 形握柄划船所受的限制更少。如果没有吊环，TRX 悬挂带也可以作为替代品。

　　此外，反向吊环划船为肘部和手腕提供了必要的活动空间。这与第 9 章提到的吊环引体向上类似，使用吊环来做划船动作，可以使训练者在每次拉动时旋转手部，这比让手部保持中立、内旋或外旋更舒适。当然，使用吊环需要训练者具有更强的稳定性，但这应该是可以接受的，因为考虑到这是拉变式而不是推变式，肩部受伤的风险会降低。

　　将身体悬挂在吊环上进行反向划船时，如何调整阻力是一个常见的问题，而且大块头训练者会发现，仅凭自己的体重就足以进行效果很好的锻炼。训练者可以选择双脚着地、膝盖屈曲的姿势（图 10.6），或者双腿伸直，仅用脚跟接触地面（如果其他条件相同，则更具挑战性）。此外，身体与地面的角度越小，训练者所承受的重量就越大；训练者站得越直，所承受的重量就越小。对于寻求额外挑战的训练者，还有以下两个选项可供选择。

图 10.6 屈膝吊环划船：a. 起始位置，b. 完成位置

脚跟抬高

　　抬高脚跟使肩膀与脚在同一水平线上（或肩膀低于脚），会进一步增加该练习的难度，因为这增加了拉起的重量。同样，选择屈膝姿势（图 10.7a）或直腿姿势（图 10.7b），可以在这种进阶训练方法中制造不同的强度级别。

图 10.7　脚跟抬高吊环划船变式：a. 屈膝脚跟抬高吊环划船，b. 直腿脚跟抬高吊环划船

穿戴负重背心

如果训练者想要进行更具挑战性的训练，以促进肌肉和力量的发展，准备一个负重背心（图 10.8）可能是可行的。值得注意的是，不同大小的负重背心，可能会为上半身的自由运动带来不同程度的限制，特别是在向上过顶、拉和推等动作中。如果穿着负重背心的身体也非常庞大或宽阔，情况可能会更糟。认真选择一个允许上背部和肩关节尽可能保持自由运动的负重背心是很重要的，以便在穿戴时运用正确的划船技术。

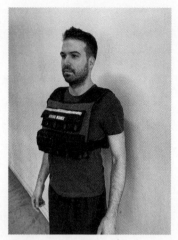

图 10.8　负重背心

需要提醒的是，所有这些变式的目标并不是追求每组最多完成 5 次动作。它们仍然是划船模式的运动，因此应该在每组训练中完成更多的重复次数。建议大多数划船模式的运动进行每组 10 次或更多重复次数的训练。

宽握坐姿划船

使用宽握握法（最好使用中立握柄，但采用正握握法也可以）可以在某种程度上帮助训练者克服肩胛骨滑动的问题。当大块头挡住了坐姿划船的典型动作动作范围时，只需要使用一个非常宽的握距，就可以使相同的动作范围成为一个更自然的停止点。类似于超宽握的卧推可以减小动作的范围，以达到完全伸展的程度，将同样的逻辑应用于坐姿划船时，通过使用下拉杆和更宽的握距，可以完全收缩肩胛骨并产生行程更短的动作。只要肘部与杠铃保持在一条直线上，这也会促进更多三角肌后束的参与，因为肘部呈外展的姿态。

划船本身也适用于同样的力学原理，包括一些轻微的顶部晃动和整个动作过程中保持中立或稍微向后伸展的腰椎。因为与卧推类似，手的宽度决定了杠铃和躯干的接触点位置，为了实现手腕、肘部和肩部之间的对齐，接触点将不可避免地出现在躯干较高的位置上。

如果没有中立握柄，则最好使用正握握法，因为使用反握握法通常会使上臂和手腕超出正常的外展和旋后范围，我们希望所采用的握法可以使训练者正确地完成动作并且不会引起疼痛。

划船：下肢较长、躯干较短者

　　尽管对于下肢较长、躯干较短的人（尤其是手臂较长的人）来说，坐姿划船可能是有益的，但这种体型也适合俯身杠铃划船及其变式。对于一个躯干和地面之间距离很远的训练者来说，其很难在进行俯身杠铃划船时找到理想的姿势，通常在拉杠时会站得太直。这样动作对肩胛肌群便不再有具针对性，因为站得太直会使动作更接近针对斜方肌上束的耸肩模式，而不是针对上背部和中背部的划船模式。

最佳变式：彭德莱划船

　　彭德莱划船（图10.9）对标准动作进行了必要调整。它通过在每次动作的底部创建完全停顿来停止力量的传递，消除这个力量转移的因素，可以减少腰椎承受的压力，因为杠铃可以在底部停止，身体在每次动作重复之间都有充足的时间来重置动作。

　　这使得训练者可以更专注于向心阶段（拉动阶段），同时保持正确的支撑。那些因缺乏柔韧性或灵活性而很难以背部挺直姿态从地面拉起重量的训练者，可以使用低平台、方块或杠铃片抬高表面来拉动杠铃，同时确保躯干与地面相对平行（图10.10）。所有这些方法既有利于训练者拉动他们所能够承受的最大负荷，又通过消除动量和能量传递的干扰，使每次动作都真实地反映训练者的

图10.9　彭德莱划船：a.起始位置，b.完成位置

图 10.10　改良版彭德莱划船：a. 从杠铃片上开始的起始位置，b. 完成位置

能力水平，而不会依靠助力辅助。

　　彭德莱划船可以采用正握或反握握法，具体取决于训练者的灵活性水平、舒适度和其希望锻炼的上背部区域。由于该动作的负荷和性质与硬拉非常相似，因此重复次数不宜过多。每组重复进行 6 ～ 8 次比每组重复进行 12 ～ 15 次更为理想，这样可以使训练者更好地保持专注，并且能够用更大的重量进行向心阶段的训练。

T 形杠划船

　　正如之前提到的，俯身杠铃划船对于下肢较长的训练者来说可能会有些困难，因此常见的代偿方式是让膝盖与杠铃的力线相交，每次动作中杠铃都很难避开膝盖，这完全取决于训练者能否保持一个髋关节大幅屈曲的姿势，使得躯干与地面平行。如果没有完全屈曲的髋关节和与地面平行的躯干，长腿训练者将无法保持胫骨与地面垂直，躯干会处于相比正确姿势更为直立的状态。另外，由于腰椎在这个位置上承受更多力量（与较直立的躯干姿态相比），因此需要重新审视发力的角度，以改善这种情况并更好地锻炼上背部。

　　使用 T 形杠进行划船可将负荷置于身体后方的轴线上，而不是将 100% 的负荷都置于腿部前面（图 10.11）。这种变化使得对身体和脊柱的需求也随之改变，因为身体的支点（髋关节）所承受的负荷分布得更加均衡，这是一个第三

图 10.11 T 形杠划船：a.起始位置，b.完成位置

类杠杆系统：力量产生在阻力和支点之间。

所有这些因素，加上器械轴心的存在，使得负荷可以沿平滑的弧形轨迹运动，这意味着脊柱上的压力更小，而且能够使训练者在划船时保持更加直立的姿势，同时不会改变与上背部活动相关的运动力学机制。

通常，T 形杠采用前置配重设计，这意味着杠铃片被安装在器械握柄的正前方。某些 T 形杠还会有额外的负载颈，位于身体后面，靠近器械的轴心，对于背部受伤或有腰部疼痛历史的训练者来说，这种设置很受欢迎，它能进一步减少腰椎直接承受的负荷。相比于俯身杠铃划船，T 形杠划船的较大训练量对脊柱的压力更小，因为身体在该姿势下能够获得更好的支撑，以维持安全拉杠的姿势。

划船：手掌较小者

进行任何背部孤立训练时，手部较小可能会使训练者感到沮丧，因为握力往往会早于上背部肌肉的疲劳之前出现疲劳。当受限于所能完成的重量时，训练者很难实现肌肉发展或力量增长，而较小的手部并不适合拉动周长较长的物体，特别是当它们不是杠铃时。对于划船来说，用橡胶包覆的握柄比标准奥林匹克杠铃要粗，这对手部较小的训练者来说不是一件好事。

出于这些原因，使用举重绑带可以带来方便（图 10.12），其使用方法与用于硬拉的绑带略有不同。由于划船的总体功能比硬拉少（其主要目标是孤立训练和发展上背部肌肉，同时提高动作效率），因此它的重点不在于发展最大力量，并且神经系统所受的负荷较小。（大多数划船变式是非复合动作，使用的重量较小，且涉及较少的运动关节。）使用举重绑带进行训练使得训练者可以更加强调对中上部背肌的锻炼，将手部和臂部作为锚定器而不是主要发力部位。

图 10.12　举重绑带

阻力带划船

使用阻力带来改变划船模式的阻力曲线（图 10.13），可以使训练者从两个方面受益。首先，阻力带相较于杠铃或其他握柄，表面积更小，更容易长时间握持。其次，更重要的是，从绝对重量到阻力带的替换，意味着训练者无须在整个阻力曲线中全程承载相同的负荷。当臂部完全伸展时，阻力会减小，因为阻力带没有被完全拉伸，这使得训练者更容易在动作过程中运用和保持正确的形式和技术。同时，由于对手和前臂的要求显著降低，因此训练者更容易保持握力，这可以保留前臂的力量并延缓疲劳的发生，从而更容易将注意力保持在既定的目标肌群上。将握柄连接到阻力带上，以获得更符合人体工程学的拉力，阻力曲线上的这些变化也将对手小的训练者有益。

虽然与传统的负重运动相比，很难量化训练者在阻力带运动中所承载的负荷，但可以使用较厚的阻力带或多根阻力带来增加挑战。此外，训练者在锻炼中能够移动的负荷，不应是评估训练效果的唯一标准。对于像划船这样的运动，应该将训练者完成动作的质量、对上背部肌肉的刺激以及在正确部位诱导疲劳的程度等要素放在更重要的位置上，而不是将举重量排在优先级列表的最前面。

图 10.13   阻力带划船：a. 起始位置，b. 完成位置

划船模式：辅助练习

　　划船模式通常被用于解决身体问题，特别是肩关节问题，因此它通常被当作一种健康运动模式和无伤训练的选择。基本上可以说没有辅助练习可以提高划船模式的表现水平。尽管如此，某些灵活性训练练习，例如泡沫轴胸椎伸展，可以确保训练者在划船时运用正确的力学原理，这样的练习是有益的。

　　划船模式可能是本书中最健康的训练模式。经常进行该模式的训练，有利于改善体态、强化肩关节和最大限度地发挥肩部功能，而且其缺点很少，受伤风险很小。许多体能教练建议在日常训练中，拉的动作和推的动作的比例为2 : 1，但我们建议在上述比例的基础上再增加一个比例：水平拉（或划船）与垂直拉的比例为2 : 1。遵循这样的指导原则，将确保肩关节在安全的运动范围和关节角度内得到安全的训练和强化。此外，训练选择不应仅限于一种划船模式——训练者可以使用最适合自己的任何划船模式来进行训练，让上背部可以承受较高的训练量。利用本章的内容，选择最适合客户的动作变式，通过在无痛或避免受伤的情况下改善其表现和整体力量，他们会由衷地感谢你。

第 11 章

腹部稳定性

腹部稳定性几乎在所有的运动中都非常重要。提起或搬运物体时，腹部、膈肌、脊柱和骨盆底肌必须支撑起来，以保护脊柱的完整性。没有一种主要的核心稳定肌肉——躯干的所有肌肉都需要共同协作来帮助稳定身体（McGill et al., 2003）。

核心稳定在维持姿势和对抗力量（如抗旋转或在力量向后或向前拉动身体时保持身体直立）方面至关重要。较强的核心稳定性意味着身体在压力下不易被压垮。当核心的稳定肌肉虚弱时，身体更容易受伤和感到疼痛（Wilson et al., 2015）。因此，对于训练者和普通人来说，维持基本的核心力量和稳定性非常重要。

有趣的是，下肢的损伤会对核心的稳定能力产生负面影响，而不稳定的核心又会增加下肢损伤的风险（Wilson et al., 2015）。良好的核心力量有助于为任何动作创造稳定的支撑基础，并且它是本书中提到的几乎所有主要举重动作中的关键因素。因此，本书必须有一章关于核心稳定性的内容。

在本章中，我们将讨论常见的核心稳定问题及其解决办法，这些问题通常在不同的身体杠杆类型中出现。

腹部稳定性：大块头

全身肌肉发达的训练者在进行腹部训练时可能会遇到一些灵活性问题。例如，腰围较大可能会妨碍训练者完成完整的仰卧起坐，或任何需要膝盖靠近躯干的动作。此外，全身肌肉发达的训练者可能会发现平板支撑等动作具有挑战性，比如在肘部平板支撑中，较大的躯干可能会碰到地面，训练者需要采用替代姿势；或者在伸展式平板支撑（如健腹轮）或悬吊式腹部运动（如悬垂腿举）中，训练者的较大体重可能会使动作执行变得更加困难。以下这些练习，对于在传统腹部稳定性训练中遇到困难的大块头训练者，可能会有所帮助。

胸椎旋转

拥有大量肌肉或身形较大并不一定会导致缺乏灵活性。然而，这种体型通常会增加活动难度，特别是在躯干旋转方面。一项简单的评估训练者胸椎旋转角度的测试是坐姿旋转测试（Howe et al.，2015）。在这项测试中，训练者坐在椅子上，髋、膝屈曲的角度应为 90 度，脊柱保持中立，双手交叉放在胸前，双手之间放一根杆子（图 11.1a）。将一个直径约为 8 英寸（20.32 厘米）的球

图 11.1 旋转测试：a. 起始位置，b. 完成位置

夹在双膝之间，以稳定骨盆区域，训练者旋转躯干，在左右两个方向上都至最大幅度（图 11.1b）。可以使用一种度量旋转角度的设备——角度计，来评估训练者所达到的旋转角度。

　　运动员所需的旋转角度，可能会和健康的非运动员约 55 度的标准不同，（Howe et al., 2015），因此测评时应考虑运动员的运动项目或活动的要求。此外，评估和开具处方治疗胸椎活动度问题，可能超出你作为教练或训练师的职业范围，因此你应考虑自己的能力和限制，必要时请将客户介绍给物理治疗师或其他医疗专业人员。

仰卧脊柱旋转

　　仰卧脊柱旋转是增加胸椎旋转力量和活动度的安全方式，并且易于进行调整。训练者仰卧在地面上，手臂向两侧伸展，与肩膀呈一条直线。髋、膝屈曲的角度为 90 度，小腿与地面平行（图11.2a）。不抬起肩膀的任何部分，也不改变髋关节的角度，缓慢地将膝盖移动到身体一侧，尽量将它们放在地面上（图11.2b）。一旦达到极限幅度，就缓慢地将膝盖移回起始位置，并在另一侧重复此动作。训练者可以通过将腿伸展，使此动作更具挑战性（图 11.2c 和图 11.2d）。腿伸得越直，此动作越具挑战性。

图 11.2　屈膝脊柱旋转：a. 起始位置，b. 完成位置。伸膝脊柱旋转：c. 起始位置，d. 完成位置

伸展练习

体型更大、体重更大的训练者在需要伸展身体的核心运动中，例如滚轮伸展、伸展式平板支撑、爬虫式等，可能会难以保持脊柱的稳定。因此，调整这些动作，以使其更易于掌控非常关键。

泡沫轴胸椎伸展

训练者若存在胸椎过度前屈的问题，可使用泡沫轴作为辅助工具进行胸椎伸展（图11.3）。将泡沫轴横放在腰背部中部，让训练者将背部"缠绕"在泡沫轴上，以完成伸展。训练者可以仅仅向后躺在泡沫轴上，让背部向后伸展。如果训练者想要感觉更舒适一些，可以将手放在头后，以支撑头部的重量。相较于大多数胸椎伸展训练的主动性质，这个训练对很多训练者来说更容易实施，因为其是被动的。

图11.3   泡沫轴胸椎伸展

滚轮伸展

在滚轮伸展中，训练者的骨盆应该向后收紧（后倾），以减少下背部的弧度并使腹部在训练全程中得到支撑。体重较大的训练者可能会发现，在较大幅度的滚轮伸展中控制自己身体的重量，非常具有挑战性。

为了减轻滚轮伸展中较大体型的训练者的背部压力，一种方法是使训练者位于坚固的墙壁或门前。训练者与墙壁的距离应该略微超过其伸展的极限，但仍可以保持良好的形态。将身体滚向墙壁会防止训练者失去对运动的控制和姿势，并在最大运动幅度时增强核心力量。

带式辅助滚轮伸展对于体型较大的训练者是另一种非常有用的选择（图11.4）。在这个变式中，阻力带的一端被固定在深蹲架或其他坚固的区域的顶部，阻力带的另一端围绕在训练者的腰部。阻力带将支撑训练者的重量，使他们能够完成动作。这个变式的难度可以通过改变阻力带的厚度来调整，较厚的阻力带提供的支撑力会比较薄的阻力带更大。

图 11.4　带式辅助滚轮伸展

悬挂训练器立式伸展

使用悬挂训练器（例如 TRX）可以让训练者控制滚动的角度，从而更容易控制运动。这个变式对于手臂较长的训练者和体型较大的训练者尤其有价值，他们可能会觉得传统的滚轮伸展不太好控制。

训练者握住悬挂训练器的握柄，身体前倾。手和肩膀在同一水平线上，肋骨和髋部向彼此拉拢（核心收紧），以减少下背部的曲度并帮助稳定脊柱。保持手臂完全伸直，体重集中在手上，训练者缓慢地滚动伸展身体，使手臂移动至和耳朵对齐的位置，就像进行滚轮伸展一样，然后回到起始位置。整个运动过程中躯干保持挺直。

前后移动脚的位置，可以使这个动作更容易或更具挑战性。训练者与地面越平行，这个动作就会越具有挑战性。

爬虫式

爬虫式，或称手部行走，是一个对于体重较大或四肢较长的训练者而言，可以替代滚轮伸展的优秀选择。爬虫式有助于增加下背部的灵活性和腘绳肌的柔韧性，并且比使用滚轮器材时，让训练者更容易控制离心运动。

　　保持双腿尽可能伸直，将双手放在脚前的地面上（图11.5a）。然后手向前移动，直到处于俯卧撑姿势（图11.5b）。尽可能保持下背部平直，以避免脊柱下垂。如果训练者想要更多挑战，可以继续将双手向前移动，但不要让下背部下塌。

图 11.5　爬虫式：a. 起始位置，b. 完成位置

腹部稳定性：手臂较长者

　　在诸如滚轮伸展和伸展式平板支撑的练习中，拥有长臂会为训练者带来挑战——长杠杆会使这些训练者更难达到完全伸展的状态。但我们也可以将其视为优势——如果你能够在手臂和躯干较长的情况下完成滚轮伸展，那么你很可能拥有出色的核心力量！

相较于手臂较短的训练者，在需要伸展手臂的腹部稳定性练习中，长臂训练者可以利用他们的长杠杆，使动作更具挑战性。他们还需要在增强力量的过程中调整这些动作，以逐渐适应挑战。下面提供了一些可以利用或控制长臂，以调整阻力的练习。

直臂仰卧起坐

上臂较长在军事式仰卧起坐（在每次动作中用肘部触碰大腿）中是一个优势（Dhayal，2020）。因为较长的上臂意味着只要移动较短的距离就能使肘部接触到大腿。在必要时，手臂较长者也可以通过以下调整使仰卧起坐变得更具挑战性。

直臂仰卧起坐变式要求训练者在整个练习过程中，将双臂伸直放在头顶上方并与耳朵齐平（图 11.6a）。这使得仰卧起坐更具挑战性，因为杠杆臂（躯干及其延伸部分）已经变长（图 11.6b）。臂部越长，这个动作就越具有挑战性。为了增加难度，训练者在进行直臂仰卧起坐时可以手持重物。

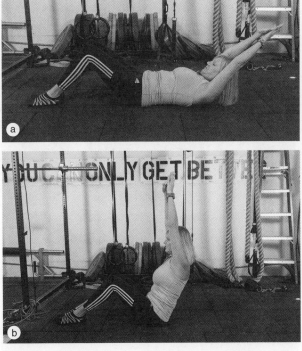

图 11.6　直臂仰卧起坐：a.起始位置，b.完成位置

帕洛夫推

帕洛夫推要求训练者站在与绳索或阻力带的连接处平行的位置（图 11.7a）。训练者用双手握住握柄或阻力带的末端并放在胸前，然后缓慢地将手臂伸直，直到呈锁定状态，对抗绳索或阻力带的牵引力。然后训练者将双手放回胸前，重复完成目标次数。训练者应防止绳索或阻力带的牵引力扰乱躯干的位置。

帕洛夫推还可以垂直进行，将绳索或阻力带置于训练者的背后（这样就要对抗向后拉的力量），或者侧向进行（图 11.7b 和图 11.7c），将绳索或阻力带放在训练者的斜上方或斜下方（这样训练者就要对抗侧弯的力量）。还可以在各种弓步、蹲姿和跪姿中进行这个练习，以进一步增强核心的稳定性并为运动专项服务。

长臂会使这种抗旋转练习及其变式更具挑战性，因为在动作的末端，双手与身体的距离更远。长臂训练者可能需要使用比手臂较短的训练者更小的负荷才能成功完成帕洛夫推。

图 11.7 帕洛夫推：a. 水平方向，b. 由斜上至斜下，c. 由斜下至斜上

腹部稳定性：腿部较长者

对于涉及举起腿部的练习，如悬垂腿举、仰卧腿举和下放动作，以及如人体旗帜和杠杆支撑的高难度徒手动作等，腿部较长可能会带来一些挑战。由于和核心区域相比，较长的腿部在整个身体中占比更大，长腿训练者可能会使用一些代

偿性的动作，这可能使训练者在某些练习中增加下背部或髋部受伤的风险。

交替腿下放

交替腿下放是一项非常适合长腿训练者增强腹部力量和稳定性的练习。训练者仰卧在地上，一侧髋关节和膝关节均呈 90 度，另一侧脚贴地（图 11.8a），尽可能让下背部贴在地面上。如果需要，训练者可以请一个伙伴在自己的腰部下方放置一条细带或纸片，并在整个练习过程中轻轻触碰它，以确保下背部紧贴地面。在保持下背部紧贴地面的同时，不改变支撑腿的髋关节角度，训练者缓慢地将悬空的脚下放到地面，然后将其带回起始位置。这个动作也要在另一侧进行。随着训练者在这个练习中获得更多力量，可以缓慢地增大膝关节的角度（伸膝）来增加运动的难度（图 11.8b）。

图 11.8 交替腿下放：a. 膝关节弯曲，b. 膝关节伸直

悬垂膝举

长腿训练者可能会在进行脚触杠练习时遇到困难。在这种情况下，悬垂膝举（图 11.9）可能是一个合适的替代方案。相较于举起整条腿，举起膝关节减小了腿部的杠杆长度，使得练习更容易进行。随着训练者在这个练习中获得更多力量，膝关节的角度可以逐渐增加（伸膝），以增加练习的难度并进一步刺激躯干肌肉。

图 11.9 悬垂膝举：a. 起始位置，b. 完成位置

在类似的练习中，也可以使用这种策略。例如，在仰卧脊柱旋转中，从仰卧姿势开始，髋关节和膝关节都呈 90 度，双臂直接伸向两侧。然后训练者转动身体，将膝关节尽可能下放到身体的一侧，确保髋关节和膝关节的角度不变，对侧的肩膀不离开地面。然后以同样的方式将双腿带回中心并移到另一侧。随着训练者在这个练习中逐渐增强力量，其可以缓慢地增加膝关节的角度。

腹部稳定性：手掌较小者

在如硬拉和引体向上等需要抓握的项目中，手部较小往往是一个不利的条件（Alahmari et al., 2017; Günther et al., 2008）。握力可以通过前臂的围度来推测（Rice et al., 1998）。因此，对于手部较小的训练者来说，增加前臂围度和手部力量尤为重要。负重搬运是增强握力和腹部力量的绝佳手段，特别适合手部较小的训练者。

负重行走

负重行走（图 11.10）可以单侧或双侧进行，具体取决于训练者的目标。单侧负重行走会比双侧负重行走更加迫使脊柱进行横向稳定，因此可能是一种有效的变式。

任何带有重量的器械都可以用于进行负重行走——哑铃、壶铃、六角杠或专门的负重行走杠和架子。增加握柄的周长可以使练习更具挑战性，这可以通过在握柄处缠绕毛巾或衣服，或使用厚握配件或具有较厚握柄的装置来实现。

图 11.10　负重行走

悬垂式腹部训练和握力

　　握力是全身力量的一个非常重要的组成部分（如果训练者不能握住杠铃，他们将无法提起它）。在进行悬垂腿举练习时，训练者必须能够悬挂在杠上并维持一段时间，并能够在身体姿势变化时保持对杠的握力。增强握力的一种方法是练习尽可能长时间地悬挂在杠上，逐渐增加悬挂时间。另一种方式是每次进行一到两次悬垂腿举，然后短暂休息并再做一次或两次动作。训练者应尝试逐渐增加连续完成动作的次数，直到可以不间断地完成所有次数。

船长椅练习

　　对于握力不足以使自己悬挂在杠上的人，或者对于想要进行不同变式的悬垂腿举的训练者来说，船长椅练习（图 11.11）是一个不错的替代选择。

　　船长椅，也称为罗马椅，带有两个扶手和一个背垫，就像一把没有座位的扶手椅。在这个练习中，训练者将肘部放在扶手上，背部挺直并靠在背垫上，肩膀下沉并远离耳朵，这样在练习过程中训练者便不会垮下或耸肩。一旦动作

图 11.11　船长椅练习：a. 起始位置，b. 完成位置

到位，训练者就可以开始进行练习。在船长椅上，训练者进行悬垂腿举的方式
与在杠上悬挂时基本相同——尽可能高地抬起和放下膝关节（或者进行高难度
版本的直腿抬起），但不要摆动腿或借助势能。

下斜腿举

下斜腿举是一种综合悬垂腿举和船长椅练习的理想方法，特别适合手臂较
短的人。对于那些握力不足或无法进行悬垂腿举的训练者，下斜腿举是一种很
有用的替代练习。

下斜腿举需要训练者使用一个带有顶部附件（可以是握柄或类似的装置）
的下斜训练凳，并将训练凳设置为所需的倾斜角度（倾斜角度越大，完成动作
越难）。训练者平躺在训练凳上，头部放在训练凳较高的部分（图 11.12a），
双手紧握顶部附件，尝试将双腿向胸部靠近（图 11.12b），然后回到起始位置。
在整个运动过程中，臀部和下背部将离开训练凳，并向胸部折叠。训练者在练
习过程中不应借助任何势能。

图 11.12　下斜腿举：a. 起始位置，b. 完成位置

其他中级核心练习

本部分介绍了一些练习核心肌群的有效的替代性锻炼方法。

登山者

登山者（图11.13）是一种可以提供良好锻炼效果的体能练习，同时也能帮助训练者增强腹部、下背部、核心、髋部和腿部的肌肉力量。随着训练时间的积累，登山者还可以增强训练者的协调性和柔韧性。登山者本质上是腾空的平板支撑运动，腿部需要进行类似跑步的动作。训练者双手间距大概与肩同宽，双臂保持完全伸直，身体应呈平板姿态，臀部与头和脚趾保持在一条直线上，头部处于中立位置，腹部收紧，以使下背部不向下塌。训练者将一条腿的膝盖迅速向同侧手臂靠近，并尽量用脚趾着地（图11.13a、图11.13b和图11.13c）。然后训练者将该腿返回到起始位置，并立即用另一条腿重复这个动作。在整个运动过程中保持身体的平板姿态非常重要，训练者不应抬起臀部或下塌下背部。

体型偏大的训练者在这个练习中可能会遇到灵活性方面的挑战，而手臂较短但腿较长的训练者可能会在这个动作中无法正确地抬起身体。对于那些发现登山者过于具有挑战性或无法以良好的形式完成动作的训练者来说，将双手放在一个较高的物体上，例如瑜伽砖或坚固的训练凳，可能是一种更可取的方法。

图11.13 登山者：a.起始位置，b.中途姿态，c.完成位置

中式平板支撑

中式平板支撑是一种抗屈曲运动，可以以仰卧位或俯卧位进行。仰卧中式平板支撑有助于强化从肩膀到脚的整个后链肌群。俯卧中式平板支撑有助于强化腹肌、髋屈肌、股四头肌和脊柱。中式平板支撑的这两个版本都可以单独进行，也可以作为基础姿势，让训练者进一步做杠铃或哑铃动作，如卧推或划船。

仰卧中式平板支撑

在仰卧中式平板支撑中（图 11.14a），训练者将一个训练凳或箱子（或凳子）放在头部和上背部下方，并将同样高的训练凳或箱子（或凳子）放在脚跟下方。然后，训练者挤压臀部，伸直腿部，并收紧腹部，使身体完全绷紧，并保持呈一条直线。这个动作的最终姿势应该基本上看起来像一个站立姿势。

俯卧中式平板支撑

在俯卧中式平板支撑（图 11.14b）中，训练者将一个箱子（或凳子）或训练凳放在肩膀下方，并将另一个高度相同的训练凳或箱子（或凳子）放在脚趾下方。然后，训练者收紧腹部，挤压臀部，锁住双腿，使身体处于水平站立状。为避免头部和颈部位置的不适，训练者可以将上半身放在训练凳上，以使下巴延伸到凳子的边缘。或者选择使用 3 个训练凳，其中每个肩膀下面放一个训练凳，再将一个训练凳放在脚趾下面。如果女性训练者在胸部承受压力时感到不适，可能会更喜欢这种 3 个训练凳的版本。

较高的训练者通常会发现中式平板支撑更具挑战

图 11.14 中式平板支撑：a. 仰卧位，b. 俯卧位

性，因为其需要维持更久的身体稳定。为了降低难度，上半身和脚下的支撑物可以更靠近一些。而想要增加难度，训练者可以穿戴负重背心或将重物放置在躯干上。

呼吸

呼吸对于所有举重运动都非常重要。正确的呼吸有助于为血液供氧，可以帮助撑紧腹部，从而在体内形成一种类似举重腰带的支撑结构。一些证据表明，在举重时屏住呼吸会显著升高血压，但需要进行更多和更高质量的研究来证实这个结论（Perkilis，2019）。

膈肌呼吸（即腹式呼吸）是一种很好的呼吸方式，可以使气体充分填充肺部，产生贯穿整个下腹部区域的压力和张力，以更好地支撑重物或对抗外力。练习膈肌呼吸的一种方法是趴在地上，双手放在额头下方，以更舒适地支撑头部。然后，通过鼻子吸气，专注于用下腹部"推开地板"。

另一种练习膈肌呼吸的方法是仰卧，一只手放在胸部，另一只手放在下腹部。当通过鼻子呼吸时，肩膀不应该抬起，应该只有放在下腹部的手会感觉到移动。

在举起重物或者收紧核心的情况下，训练者将舌头放在牙齿后面，用力呼气，以压低膈肌。做这个动作时训练者也应该由内将腹部向外顶，从而形成一个稳定的核心，来支撑举起重物，而且训练者应在动作最具挑战性的部分进行呼气（例如卧推的推起过程，或者深蹲的向心阶段）。

躯干肌肉的训练绝不能被忽视，这一章在本书中出现得较晚，也是为了可以更好地建立上下文之间的联系。由于脊柱可以说是身体中需要保护的头号区域，因此训练者必须采用正确的技术、正确的呼吸、正确的支撑以及合适的补充练习（特别是针对特定的体型）来确保其安全性并增加收益。躯干往往是训练者容易忽视专门训练的身体部位。然而，躯干是一个需要关注的薄弱部位，特别是如果训练者有脊柱或其周围组织受伤的历史，躯干对于整体的发展是关键的——就像身体的其他部位一样。

第三部分

完善综合力量训练方案

　　我们已经讨论了主要动作的一般运动指导原则。在本部分中，我们将讨论主要动作的微调。就像对主要动作的调整（以及任何运动处方）有很多细微差异但没有硬性规定一样，主要动作如何强化并发展为适合训练者的个性化训练方案的方式也是高度可变的。再次强调，每个人的身体都是不同的，即使是同一种体型，不同个体也有不同的目标、能力和身体结构。在涉及人体时，永远都不能有过于死板的建议。

　　在本部分中，我们将提供一些辅助训练的建议，这些动作可以帮助训练者增加做大重量举重时的力量。虽然有些建议对于改善某些特定体型可能存在的劣势很有用，但是这些动作也要根据个人需求进行选择。

第 12 章

辅助训练

本书讨论的主要训练动作包括硬拉、深蹲、卧推、过顶推举、引体向上和划船。本书第二部分包括每个练习的多种变式,可以帮助改善不同体型训练者的表现。

辅助训练动作是用来充实训练内容的动作,让训练者针对薄弱点进行练习,可以使主要练习效果更好。辅助训练通常不像主要练习那样使用较大的重量,并且常常进行更多次的重复。它们可以是单关节练习,例如肱三头肌伸展和腿弯举;也可以是多关节练习,例如钻石俯卧撑。本章介绍了多种辅助训练,这些训练对本书中描述的主要训练动作可能特别有益。

上肢推举训练的注意事项

肱三头肌是推模式练习中极为重要的锻炼部位。特别是对于手臂较长的人来说,加强肱三头肌可能会在锁定重负荷时起到关键作用。许多训练方案包括单关节肱三头肌练习,例如反向飞鸟、肱三头肌下压等,以加强肱三头肌。然而,多项研究表明,单关节动作结合多关节动作的练习并不能提高表现水平(Barbalho et al., 2018; de Franca et al., 2015; Gentil et al., 2017)。

然而,我们不能否定单关节动作的有效性。前面提到的研究都是短期的和小规模的,需要进行更多研究才能得出结论。单关节动作可以帮助训练者克服肌肉不平衡的问题,提供专项运动优势,使相关关节在多关节动作无法达到的关节活动范围内运动,并且可能有助于预防受伤和恢复 (Schoenfeld et al., 2012)。单关节动作还可以促进肌肉肥大 (de Franca et al., 2015; Mannarino et al., 2021)。臂围更大的手臂可能使推的动作更有力,因此肌肉肥大有利于提升推举表现。

包括针对肱三头肌的单关节和多关节辅助训练不仅有助于提高推模式运动的表现水平，而且还可以为推模式训练方案增加变化，这些变化有助于预防由每周多次卧推或军事推举引起的重复性应力问题。

单关节肱三头肌练习

肱三头肌每个部分的激活程度，似乎会随着肘关节相对于肩部的角度变化而改变（Kholinne et al., 2018）。在 0 度角时，肱三头肌长头是主导部分。随着肘关节向上抬起，肱三头肌中间头成为肘关节伸展的主导部分。因此，在不同角度进行单关节肱三头肌练习，可能会针对肱三头肌的不同部位。

卧推的最佳练习：泰特推举（Tate Press）

泰特推举是一种单关节肱三头肌伸展练习，模仿了卧推锁定姿势。由于与卧推动作的一致性，它可以是改善卧推表现非常有用的练习。

训练者仰卧在训练凳上，双臂伸直，双手掌心朝向头部外侧，握住两只哑铃，垂直置于胸部上方，就像哑铃卧推的顶部姿势一样（图 12.1a）。横向弯曲肘部，将哑铃向胸部中央降低（图 12.1b），然后再将哑铃向上推回起始位置。

全身都很强壮的训练者可能无法从泰特推举中获得像其他训练者那样多的

图 12.1 泰特推举：a. 起始位置，b. 完成位置

好处，因为这类训练者的胸部较高，哑铃的移动路径可能会缩短。然而，该动作模仿了训练者卧推的一般运动范围，因此它可能仍然是有用的。

过顶推举的最佳练习：过顶肱三头肌伸展

过顶肱三头肌伸展要求将肘关节放在肩膀上方，主要针对肱三头肌内侧头（Kholinne et al., 2018）。过顶肱三头肌伸展可以单臂或双臂进行，并且对于需要进行过顶投掷的训练者具有专项运动应用价值。我们建议单臂进行这个动作，因为这样可以防止优势手过度使用力量；它也允许手、腕和手臂的角度有一些变化，因此降低了在运动过程中出现肘部疼痛的风险。站立时进行过顶肱三头肌伸展，也可以增强核心和肩关节的稳定性。

进行单臂过顶肱三头肌伸展时可以使用哑铃、壶铃、绳索或阻力带等器械。训练者将自己选择的负重器械直接举过头顶（图 12.2a）。慢慢地将负重器械放在头后，直到感到肱三头肌有明显的拉伸（图 12.2b），然后伸直肘部，回到起始位置，注意不要移动上臂。

理想情况下，上臂应该保持靠近头部并垂直于地面。然而，一些训练者可能缺乏足够的灵活性，不能将上臂放在这个位置。如果是这种情况，训练者只需将肘部保持在尽可能高的高度且不会感到疼痛即可。上臂较为粗壮的训练者可能无法达到与上臂围度较小的训练者相同的活动范围。此外，手臂较长的训练者可能需要使用较轻的负重器械进行过顶肱三头肌伸展。

图 12.2 单臂过顶肱三头肌伸展：a.起始位置，b.完成位置

肱三头肌下压

肱三头肌下压是在肩部无屈曲的情况下完成的，因此是一种非常好的练习，可集中锻炼肱三头肌长头（Kholinne et al., 2018）。一般使用绳索进行该练习，但也可以使用阻力带。肱三头肌下压可以单侧或双侧进行，我们建议单侧进行，以便均衡地训练双臂。

将绳索或阻力带放置在训练者的头部前上方，训练者握住绳索或阻力带的握柄，将肘部紧贴肋骨，就像夹着一本书一样（图 12.3a）。然后训练者伸直肘部，不要移动上臂，直到肘部完全伸展（图 12.3b）。然后，训练者缓慢地将手臂弯曲，回到起始位置，并根据需要重复该动作。

图 12.3　肱三头肌下压：a. 起始位置，b. 完成位置

多关节肱三头肌练习

多关节辅助训练，例如俯卧撑，相较于卧推这一类大负荷主要练习，可以在一组中有更多重复次数。如果目的是提高俯卧撑的表现水平，俯卧撑也可以作为主要练习。在本书中，俯卧撑被用作辅助训练，以提高推模式运动的表现

水平。通过改变手或身体位置，俯卧撑可以很容易地进行调整，以针对不同的肌肉进行组合训练。

JM 卧推

JM 卧推是由卧推运动员 J.M. 布莱克利（J.M. Blakely）发明的，是一种针对卧推和肱三头肌的练习。在 JM 卧推中，训练者先仰卧在训练凳上，双臂伸直并握住杠铃，与卧推的起始姿势相同（图 12.4a），然后将杠铃向前额方向降低，就像进行"头颅破碎"一样。同时，训练者将上臂与躯干保持在一条线上，使其尽可能平行于地面（图 12.4b），然后将杠铃推回起始位置，并根据需要重复该动作。JM 卧推是对"头颅破碎"和窄握卧推的有趣结合，可以非常有效地增加卧推时肱三头肌的力量。

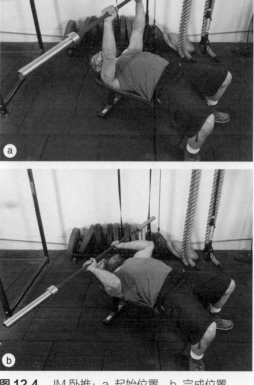

图 12.4　JM 卧推：a. 起始位置，b. 完成位置

俯卧撑

看起来，俯卧撑可以与卧推互换使用——它们的运动几何形态和肌肉激活机制非常相似（van den Tillaar, 2019）。基本的俯卧撑可以被看作是一个移动的平板支撑——躯干应该保持紧绷状态，避免下塌腰部或抬升髋部。手放在肩膀的下面或外侧，当手臂屈曲时，肘部应与胸腔约成 45 度。身体应该有控制地下降，尽可能接近地面，然后双手发力推地，手臂伸直，将身体带回起始位置。在俯卧撑中，身体作为一个整体移动——任何一部分都不应该提前下降或抬高。

在俯卧撑中，手部位置、脚部位置和身体动作可以有很多变化，因此可以让训练者进行不同的训练，以不同的方式挑战自己。

爆发式俯卧撑

爆发式俯卧撑可以提升力量生成能力，有利于训练者在卧推中推起更大的重量。在爆发式俯卧撑中，训练者先进入高板式姿势，手位于肩下，手臂在肘关节处锁定，腹部收紧，躯干从头到脚呈一条直线（即腰部不能抬高或下塌）。然后训练者将肘部弯曲大约 45 度，使躯干接近地面（图 12.5a）。接着训练者用力将手向下推压地面，试图让手尽可能地"跳"起来（图 12.5b）。当手回到原位时，训练者要迅速做好调整，准备进行下一次爆发式俯卧撑。在手掌离开

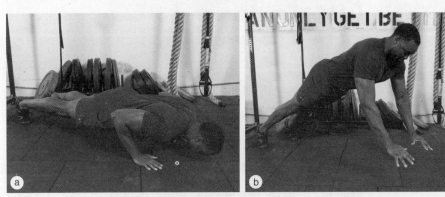

图 12.5　爆发式俯卧撑：a. 起始位置，b. 完成位置

超程俯卧撑

　　将双手放在六角哑铃、木块或俯卧撑握柄上，可以增大动作幅度。相比于普通俯卧撑，手放在六角哑铃上时（图 12.6a），躯干可以下降得更低（图 12.6b）。训练者还可以将手放在不稳定物体上，如药球，来增强上半身的稳定性。

图 12.6　超程俯卧撑：a. 起始位置，b. 完成位置

地面时，训练者应弯曲肘部并将躯干降至地面，重复这个动作。训练者不应在肘部伸直的状态下着地，其中的道理就和他们不应该在跳跃时将腿伸直落地一样。整个动作过程中，躯干应保持紧绷的平板状态。

窄距和宽距俯卧撑

在所有俯卧撑姿势中，窄距俯卧撑对肱三头肌的刺激程度最高（Kim et al., 2016; Marcolin et al., 2015），而肩宽距俯卧撑对肱三头肌的刺激程度次之。在窄距俯卧撑中，双手间距为肩宽的 50% 左右，其他要求与普通俯卧撑一样——躯干挺直，从头到脚呈一条直线，手臂在起始位置保持锁定状态，全身呈高平板姿势。身体有控制地下降，直到接触地面（或双手）。然后训练者将身体推回起始位置，并根据需要重复这个动作。

宽距俯卧撑同样按照刚才描述的方式进行，但是手距比肩宽更宽，需要肱三头肌和胸大肌用力较少，需要腹外斜肌、肱二头肌和背阔肌用力更多（Kim et al., 2016）。

所有种类的俯卧撑都可以通过抬高上半身来使双手承受的重量减小，从而降低动作难度。穿戴负重背心或将杠铃片放在背部，可以增加俯卧撑的难度。

臂屈伸训练

臂屈伸训练是一种多关节运动，可以纳入卧推计划，以加强肱三头肌和胸肌的力量。需要注意的是，身体在臂屈伸训练的末段会呈一种易受伤的姿态，因此这可能是一个高风险的训练（McKenzie et al., 2021）。训练者应确保在无痛的运动范围内进行臂屈伸训练，并对训练进行良好的控制。如果存在肩部不稳定或疼痛的情况，或者有任何关于肩部撞击的担忧，建议训练者选择其他的训练（例如，菱形俯卧撑可能是臂屈伸训练的一个很好的替代训练）。

平板臂屈伸

平板臂屈伸是一种锻炼手臂肌肉的健身动作，手放在训练凳上，脚踩在地上，躯干应尽可能垂直于地面，与肩膀对齐。肩膀要向下向后压，远离耳朵，避免向前耸。训练者屈曲手臂并尽可能降低身体，然后用手臂向下推压训练凳，使手臂伸直并恢复到起始位置。训练者可以将膝盖屈曲呈 90 度，脚平放在地上，进行较简单的平板臂屈伸（图 12.7a），也可以将双腿伸直进行更具挑战性的训练（图 12.7b），还可以通过将脚放在另一个训练凳或另一把椅子上（图 12.7c），以及将杠铃片放在大腿上来增加训练的难度。

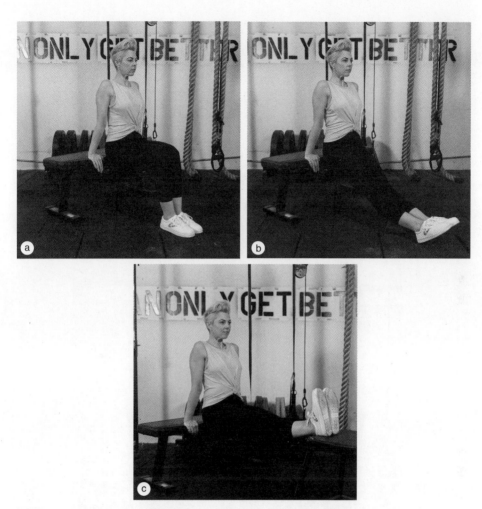

图 12.7　平板臂屈伸：a. 屈膝版本，b. 伸膝版本，c. 脚垫高的版本

垂直臂屈伸

在垂直臂屈伸中，训练者将双手放在平行杠或臂屈伸训练机上，手臂尽量伸直，肩膀向下，身体悬浮在空中（图 12.8a 和图 12.8c）。训练者屈曲肘部并向前倾斜（图 12.8b 和图 12.8d），尽可能降低身体高度（最好降到肩膀低于肘部）。然后训练者施加力量推起身体并回到起始位置，根据需要重复进行。穿戴负重背心或将额外的重量绑在负重腰带上，可以增加垂直臂屈伸的难度。

图 12.8　垂直臂屈伸示意图。佩戴负重腰带的平行杠垂直臂屈伸：a. 起始位置，b. 完成位置。通过臂屈伸训练机进行的垂直臂屈伸：c. 起始位置，d. 完成位置

　　垂直臂屈伸似乎比平板臂屈伸更有效地激活了肱三头肌和胸大肌（Bagchi，2015）。然而，姿势很重要，训练者在训练中越往前倾，胸大肌被激活得就越多。更具挑战性的平板臂屈伸版本，可能会对肱三头肌的激活产生不同的影响。

　　因为在垂直臂屈伸中运动行程较长，长臂训练者可能会发现这种训练更具挑战性。大块头训练者也可能会发现垂直臂屈伸具有挑战性，因为他们通常需

要举起较大的自身体重。如果训练者在垂直臂屈伸中感到困难，可以选择从平板臂屈伸开始逐渐增强肌肉力量，或者选择其他的替代训练，以尽量降低肩部受伤的风险。

肩部辅助训练

飞鸟是一种将双臂伸直到最大长度，肩部成为动作支点的动作。因为飞鸟需要伸直双臂，相比于卧推等多关节动作，只需添加更小的重量便能增加难度。

哑铃飞鸟和器械飞鸟

哑铃飞鸟和器械飞鸟的胸肌激活效果与卧推相当（Welsch et al., 2012）。然而，飞鸟的胸肌激活时间明显短于卧推，因此飞鸟不能代替卧推。尽管如此，飞鸟可以作为优秀的辅助训练，来帮助增加胸部和三角肌前束的肌肉量和力量。长臂训练者在做任何距离身体较远的训练动作时，可能需要使用比手臂较短的训练者更小的重量。因此，对于长臂训练者来说，在进行飞鸟夹胸和拉力器夹胸训练时，选择较小的负荷是比较明智的，随着能力的提高可逐渐增加负荷。

哑铃飞鸟的训练方式是躺在训练凳或地面上，手持两只哑铃，双手掌心相对，放在胸部正上方（图 12.9a）。保持手肘微微弯曲的状态，将手臂向两侧伸展，直到手臂与肩膀在同一高度上（图 12.9b）。然后训练者反向做动作，使手臂回到起始位置，并按需重复该动作。

图 12.9 哑铃飞鸟：a. 起始位置，b. 完成位置

拉力器夹胸

拉力器夹胸可以代替哑铃飞鸟或器械飞鸟。拉力器夹胸的一个好处是可以设置不同的角度，因此可以以不同的方式刺激三角肌和胸肌。基本的拉力器夹胸与飞鸟类似。训练者站在拉力器的中心位置，处于两个滑轮的中间。训练者双手各持一个握柄，向前迈一步，让拉力器的重量略微离开滑轮组（图12.10a）。一些训练者喜欢双脚前后分立，而另一些训练者则喜欢双脚并拢站立；只要训练者感觉稳定，任何一种方法都可以使用。

训练者手臂微屈，手臂始终沿着拉力器的路径运动。如果滑轮组处于较低位置，手臂将从低处开始，运动到胸部高度。如果拉力器的高度与肩膀高度相同，手臂将沿直线运动到胸部高度（图12.10b）。如果拉力器在较高位置，则手臂将向下运动，直至大腿或脐部高度。在所有情况下，训练者应始终保持手臂微屈，然后有控制地将手臂恢复到起始位置。

图 12.10　拉力器夹胸：a. 起始位置，b. 完成位置

古巴推举

古巴推举通常用作肩部的动态热身运动。对于肩袖疼痛或肩关节不稳定的训练者来说，它是一个有效的动作，有助于提高肩关节的灵活性。

古巴推举的起始姿势是训练者双手各持一只哑铃，放在身体两侧，耸肩并抬高肘部，直至上臂与肩部在同一条水平线上（图12.11a）。训练者后旋手臂，

图 12.11　古巴推举：a. 起始位置，b. 中间位置，c. 完成位置

直至前臂与地面垂直（图 12.11b），然后像军事推举一样将哑铃向上推（图 12.11c）。古巴推举也可以以弯腰的姿势或仰卧在长椅上的姿势进行，以更好地刺激后链肌群。在进行古巴推举时，应使用非常小的重量，没有必要将古巴推举的负荷最大化。

哑铃侧平举

哑铃侧平举是一种非推举式动作，也是增强肩部力量和稳定性的良好方式。它可以帮助训练者强化肩部在推模式训练中很少锻炼的部分，因此对于避免重复性应力损伤非常有用。

训练者两手各持一只较轻的哑铃，双臂保持几乎完全锁定的状态。（轻微弯曲肘部是可以的。）训练者将双臂向两侧伸展，掌心朝下，直到双臂与肩膀齐平（图 12.12a），然后缓慢下放哑铃，并根据需要重复该动作。

训练者的手臂越长，这个动作就越具挑战性，因此应恰当地选择重量。根据训练者的需求，哑铃侧平举也可以采用不同的手部姿势，如掌心朝前（图 12.12b）、掌心朝上或拇指朝下。

图 12.12 哑铃侧平举：a.掌心朝下，b.掌心朝前

上半身拉模式训练的注意事项

拉模式训练需要背部肌肉、肱二头肌、前臂和手部大量做功。就像单关节和多关节运动对于推模式训练有益一样，这两种类型的运动对于增强拉力同样重要。拉模式训练还可以间接改善卧推表现，尽管背阔肌对卧推力量的贡献有多大存在争议，但拥有更大的背部肯定会增加躯干的大小，从而缩短杠铃的运动轨迹。这对于手臂较长的训练者特别有益，因为尽可能缩短杠铃的运动轨迹对他们是有益的。

单关节肱二头肌训练

肱二头肌的力量在拉和提重物的练习中扮演着重要的角色，或者说在任何需要肘部弯曲的运动中都是如此。单关节肱二头肌训练不仅可以增强屈肘关节的肌肉，而且对于上臂的肥大也起着重要的作用。

肱二头肌弯举

肱二头肌弯举是最基础的健身活动之一，大多数人无论是否有经验都熟悉它。肱二头肌弯举对于强化推和拉的练习都有帮助。它可以增加肌肉质量

（Mannarino et al., 2021），这对于推模式训练是有益的。它们也是拉模式训练中的特定动作，因为拉模式动作需要肘部屈曲。

肱二头肌弯举可以使用各种器械进行，如杠铃、哑铃、绳索、阻力带等。对于大多数站立式的肱二头肌弯举，训练者从两侧握持哑铃开始，在不移动上臂的情况下，弯曲肘部，将哑铃向肩膀方向提起，然后将哑铃降回起始位置。这个训练有许多变式。

标准杠铃弯举

标准杠铃弯举通常允许训练者在弯举锻炼中使用最大的重量，因为两只手臂一起被用来举起一个器械。然而，直杆杠铃会使手部完全处于掌心朝上的状态，这会让一些训练者感到不舒服。此外，在标准杠铃弯举中，较强的手臂可能会比较弱的手臂做更多的功。在标准杠铃弯举中，手部一直处于掌心朝上的姿势。

标准哑铃弯举

进行标准哑铃弯举时，训练者可以更自由地移动手和手腕，以适应自身的需求。与标准杠铃弯举一样，在标准哑铃弯举中，手部在整个动作过程中都是掌心朝上的。

标准 EZ 杠弯举

EZ 杠弯举是另一个选择，EZ 杠的握柄角度使许多人的手腕可以处于更舒适的位置。在标准 EZ 杠弯举中，手部在整个动作过程中一直保持掌心朝上。

反向弯举

在反向弯举中，手部在整个运动过程中保持掌心朝下的状态，以便将重点放在增强前臂力量上（图 12.13 左）。中立握和手掌朝下握的肱二头肌弯举都比标准弯举更能激活肱桡肌（一种在前臂中的肘关节屈曲肌肉）（Boland et

图 12.13　反向弯举手部位置（左），锤式弯举手部位置（右）

al., 2008）。

锤式弯举

在锤式弯举中，哑铃被侧持，手的拇指一侧朝上（图12.13右）。锤式弯举可以减少手腕的负担，因此对于频繁进行肱二头肌弯举并因此产生重复性压力的人，或对于在进行标准弯举时感到不适的训练者来说，锤式弯举是一个不错的选择。

佐特曼弯举

在佐特曼弯举中，手在收缩阶段掌心朝上，然后到达最高点时旋转，在伸展阶段掌心朝下。这个动作的伸展阶段对前臂肌肉有锻炼作用。

多关节肱二头肌训练

多关节辅助训练不仅可以有效增加目标肌肉的力量和体积，还可以强化其周围肌肉。例如，俯身划船不仅可以增强肱二头肌的力量，还可以强化三角肌后束和背部肌肉。多关节辅助训练可以像单关节辅助训练一样增强力量（Gentil et al., 2015），并且可以模拟推拉模式，同时提供足够的变化，以帮助减少关节的重复性应力。

反握俯身划船

反握俯身划船比标准划船更加针对肱二头肌，同时也可以锻炼上、下背部肌肉以及三角肌后束。反握可以更有力地收缩肱二头肌，因此反握俯身划船可能会使训练者拉动比标准划船更大的重量。

反握俯身划船可以使用杠铃或哑铃进行。如果使用杠铃进行反握俯身划船时固定手部的位置不舒服，建议使用哑铃。此外，使用哑铃进行反握俯身划船可以获得比使用杠铃更大的动作幅度。

肱二头肌弯举的动作角度

进行肱二头肌弯举时，手臂的角度也可以改变。例如，手臂可以向两侧伸展；或者以前倾角度伸出，就像在牧师弯举（图 12.14a 和图 12.14b）中一样，其中上臂放在一个倾斜的训练凳上；或者像蜘蛛弯举（图 12.14c 和图 12.14d）一样，训练者俯卧在一个斜板上，然后以上臂垂直于地面的姿势进行弯举；肩膀也可以放在更舒展的位置，如在斜板弯举（图 12.14e 和图 12.14f）中一样。

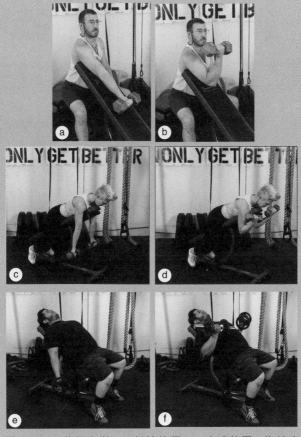

图 12.14　牧师弯举：a. 起始位置，b. 完成位置。蜘蛛弯举：c. 起始位置，d. 完成位置。斜板弯举：e. 起始位置，f. 完成位置

变换肱二头肌弯举类型可以减少肘关节的重复性应力，并改变锻炼中主导的肘部屈肌部分（Barakat et al., 2019）。

反握俯身划船是在硬拉姿势下进行的，头部中立，脊柱挺直，髋部向后并抬高（但不能高于头部），小腿尽可能垂直于地面（图 12.15a）。握持杠铃（或哑铃、壶铃）的手掌心朝向上方。训练者向后拉肘部，将杠铃拉到接近躯干的位置（图 12.15b）。然后将杠铃降低，回到起始位置。

图 12.15　反握俯身划船：a. 起始位置，b. 完成位置

小腿或大腿较长的人如果不使躯干尽可能垂直于地面，可能会较难使小腿保持垂直于地面。耶茨划船可能是这些训练者的好选择——身体与地面所成角度大约为 30 度，而不是身体尽可能与地面平行，杠铃要被拉到下腹部区域（图12.16）。当然，这种训练背部肌肉的方式可能与更传统的方式有所不同，但它能使小腿更加垂直于地面。

图 12.16　耶茨划船：a. 起始位置，b. 完成位置

　　腿部较长的训练者也可以简单地使用哑铃或壶铃来进行划船训练，这样小腿就不会妨碍起重了（图 12.17）。对于长腿训练者来说，另一个选择是在坐式划船机上进行这个动作，这样也不用担心腿的位置。这不会像硬拉那样提供那么多特异性，但它会以与俯身反握硬拉相似的方式锻炼手臂和上背部肌肉。

图 12.17　壶铃划船：a. 起始位置，b. 完成位置

拖曳弯举

拖曳弯举的思路是消除标准杠铃弯举中通常存在的三角肌稳定作用，从而降低标准杠铃弯举中可能发生的肩膀疼痛的风险。由于消除了肩膀的影响，拖曳弯举会对肱二头肌产生更大的刺激。拖曳弯举的动作幅度有限，通常需要使用比标准杠铃弯举更小的重量。

训练者以站立姿势在身体前方握住杠铃，手掌向上，好像要卷起杠铃（图12.18a）。训练者向后拉动肘部，将杠铃向上拖曳至尽可能高的位置（图12.18b），然后反向移动，将杠铃放回起始位置。

图12.18 拖曳弯举：a. 起始位置，b. 完成位置

多关节拉训练

下面是一些有效的多关节拉训练的样例。

哑铃抓举

哑铃抓举是一种三段式伸展练习，髋部应该是这个练习的主要推动部位。这个练习有助于增强爆发力以及单臂过顶的力量和稳定性。许多训练者在杠铃抓举方面存在困难，对于这些训练者来说，哑铃抓举往往更容易学习和实践。由于进行哑铃抓举的大部分力量来自髋部，所以手臂和肩膀主要用于帮助引领

哑铃直线过顶。

　　这个练习要用到哑铃，哑铃应该放在双脚之间的地面上，即身体重心下面。从硬拉的姿势开始——髋部向后推，肩膀向后收，腰部曲度不变——手臂伸直抓住哑铃（图12.19a）。接着，训练者爆发性向上拉起哑铃（图12.19b），尽可能使哑铃贴近身体，直到髋部完全伸展，然后迅速地提肩并将肘部向上拉，就像直立划船一样，以快速使哑铃继续向上垂直运动。当哑铃大约到达胸部高度时，训练者转动肘部，继续引导哑铃向上。当哑铃刚好过头顶位置时，训练者迅速下蹲，以"接住"哑铃。一旦哑铃在头顶上稳定下来，训练者就站直身体，绷紧腹部，锁定双腿，绷紧臀部（图12.19c）。有些训练者更喜欢做全幅度下蹲，而有些训练者则只做1/4幅度的下蹲。这两种方法都是完全可以接受的，选择哪一种方法将取决于训练者的目标。训练者可以将抓举看作是一种跳跃——抓举的动作与垂直纵跳非常相似。

　　手臂较长的训练者可能会觉得这种动作更具挑战性，因为哑铃运动路径会更长，将其稳定在头顶上也可能会更有挑战性。一些训练者可能缺乏必要的灵活性来完成此动作，因此哑铃抓举可能不是这些训练者理想的练习。

图 12.19　哑铃抓举：a. 起始位置，b. 中间位置，c. 完成位置

背阔肌下拉

　　背阔肌下拉是一种很好的方法，可以让那些没有足够力量来完成引体向上的训练者针对背阔肌和上背部进行训练。如果无法使用阻力带辅助、离心，甚至无法使用负重辅助器械（或者以促进更少涉及核心稳定躯干的背部肌肉孤立训练为目标），则背阔肌下拉可以作为一种方法。此外，由于这个练习使用的重量比大多数版本的引体向上都小，因此训练者可以更容易地根据躯干角度、速度和动作的确切运动力学来自定义动作。许多训练者使用下拉动作来掌握（引体向上的）起始姿势和肩部控制。

　　我们建议肩关节灵活性差，或由于驼背而肩屈曲受限的训练者，以引体向上的起始姿势在杠上进行悬挂。相比之下，使用下拉模式会是一个明智的决定，因为在这个动作模式的起始和结束位置，躯干需要倾斜一定角度，这可以限制肩屈曲程度，以保证肩关节处于更安全的主动活动范围内（图 12.20）。

图 12.20　背阔肌下拉：a. 起始位置，b. 完成位置

反握（掌心朝内）和正握（掌心朝外）是两种常见的下拉杆抓握方式，但有些人更喜欢使用许多坐式划船机上使用的经典 V 形握柄（在第 10 章中有介绍）。总而言之，这是个人选择的问题。由于该动作的孤立训练特性取决于训练者对背部的目标肌肉所受最佳刺激的认知，因此训练者在各种抓握方式之间转换也没有害处。

下肢训练的注意事项

下肢训练在辅助训练动作方面与上肢训练略有不同，许多下肢训练涉及一些复合动作，这些训练可能与深蹲或硬拉训练所需的能量消耗相当。因此，是否在下肢训练或其他涉及这些模式的训练中加入辅助训练，应被仔细考虑。总体来说，许多下肢训练的动作通常偏向一侧的腿——以股四头肌和髋屈肌为基础的训练，以及以腘绳肌和臀肌为基础的训练。小腿和内收肌群在各种体型下的大部分举重动作中被视为三级肌群；然而，直接针对这些肌肉的辅助训练动作也很重要，值得包含在本节中。但首先，是时候介绍一个值得更多关注的独特练习了。

腿部推举

在所有条件相同的情况下，腿部推举是绝佳的下肢补充练习，主要原因是它涉及下肢大部分肌肉的共同收缩（由于膝关节和髋关节同时屈曲），并且还允许通过增加负重来提供具有挑战性的刺激。腿部推举机有不同的设置——有些是水平放置的，训练者几乎躯干挺直地坐在座位上，将踏板向前推出（图 12.21a），而其他腿部推举机则以更倾斜的方向放置（图 12.21b），训练者从地面的座位上，以 45 度角向远离地面的方向推动踏板。

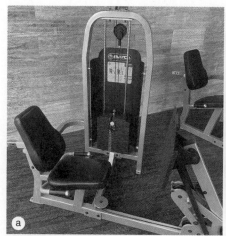

图 12.21　不同放置角度的腿部推举机：a. 水平放置的腿部推举机，b. 倾斜放置的腿部推举机

　　腿部推举的另一个独特之处在于它是一种复合式双脚支撑下半身的练习，完全固定了躯干。正确地进行该练习时，躯干角度在运动过程中不会改变，与深蹲相比，该练习对脊柱的应力会减小，因为是"地面向训练者靠近和远离"，而不是训练者向地面移动。

　　调整脚在腿部推举机上的位置，可以使这种练习刺激的肌肉部位发生变化。根据训练者的杠杆和机械特性，股四头肌可以更多地被激活（例如，使用较低的脚位、较窄的足间距），或者臀部肌肉可以通过更高、更宽的脚位被激活（Da Silva et al., 2008）。这些调整适用于经常在某些脚位或不舒适的髋部姿势下感到膝盖受压的长腿训练者。腿部较短或体型更紧凑的训练者，可能很难强调胫骨屈曲或股四头肌的活动，因此，脚位于踏板上较低的位置，可以帮助训练者改善相关动作范围。

　　由于髋部伸展的范围有限，因此任何腿部推举的重点都是深屈髋关节和膝关节。通过局部运动的方式执行该练习的益处较小，由于身体无法完全伸展，因此腿部伸展也会受到限制。训练者的目标应该是：只要臀部仍然保持平正地位于座位上且脊柱不弯曲，就尽可能进行全幅度的运动。像进行任何练习一样，进行腿部推举时，在增加负重之前，应该先评估动作的质量。

　　腿部推举可以利用重力来增加踝关节的活动范围。许多身材各异的训练者（特别是个子较高或腿部较长的训练者）可以从改善足背屈能力上获益，但当站立并承受自己的体重时，以脚掌着地的方式进行大幅度的足背屈太困难了。将身体倒置，并以低脚位踩在腿部推举机的踏板上，更容易让膝盖越过脚趾前移，同时将脚跟保持在踏板上。如果这是训练者特定的难点区域，可以利用这种方法改善。

弓步行走

弓步是常用的辅助动作，涉及大腿所有主要肌肉的协同收缩。然而，就像腿部推举一样，对于训练者来说，改变动作的力学和几何结构可以让其偏向于对特定肌肉进行刺激。

为什么我们以弓步行走而不是静态弓步作为我们的首选版本？在方向朝前的静态弓步中，每次动作完成后训练者都需要进行双腿的交替。这意味着前导腿需要制动，抵消身体的前进动力，然后使用脚（以及股四头肌和膝关节的结缔组织）推向地面，以返回起始位置。随着负重的增加，这种锻炼开始超越训练者的肌肉力量所能承受的负荷范围，变得非常困难。简单来说，用更大的负荷做这个动作会变得笨重，分散动能对关节来说是个很大的挑战，我们发现它比弓步行走更容易出现技术上的问题。

在弓步行走中，身体可以更自由地继续向前运动，以实现平稳而坚实的脚部着地和不中断的髋部伸展——这是之前没有提到的另一个巨大的好处。

在这两种情况下，正确地做弓步动作意味着要确保每侧膝盖、髋部和肩关节充分对齐。当做单侧弓步动作时，训练者的膝盖往往倾向于向中线靠拢。这通常会导致一侧髋部下沉，进而导致整个身体错位，并对承载负荷的关节构成危险。造成膝盖外翻的原因有很多。但与其列举所有原因，不如为你的训练者提供以下清单，供其在做弓步动作时考量。

- 每次迈步时，脚应从脚趾到脚跟牢固地着地，并保持脚底的拱形。
- 膝盖应指向脚趾的方向，而不是内扣。
- 如果拿着哑铃，最好防止它们晃动，以保持平衡，这意味着要绷紧上半身。在整组练习中尝试屈曲肱三头肌非常有帮助，因为它会迫使手臂保持笔直和固定。

遵守这些规则可以消除膝盖外翻的技术缺陷，使训练者可以更好地检查特

定肌肉的薄弱点所在。在单侧锻炼中，臀部和大腿内侧分别可以作为重要的膝
关节稳定器，它们的薄弱点——特别是二者的力量存在较大差异——可以影响
膝关节的运动轨迹。在双侧姿势的锻炼中，由于支撑面更宽，这个问题较为容
易被隐藏。

想让弓步针对更多的股四头肌和髋部，或更多的臀肌和腘绳肌，只需保持
脚跟着地并选择适合训练者目标的步长即可。对于强调股四头肌和髋部的训练，
使用较短的步长并保持躯干垂直，意味着前腿的膝盖需要远超脚趾（大幅度足
背屈），以便后腿的膝盖可以触地或接近地面（图 12.22a，前腿实际的足背屈
幅度应该更大）。换句话说，想要后腿触地以呈窄距弓步姿势，躯干需要保持
垂直。每次迈步时，小幅跨步和深屈膝位置意味着膝伸肌——股四头肌——需
要更多地做功。在这种方式下，骨盆呈轻微后倾姿势，这可以进一步刺激股四
头肌的参与，因为骨盆位置的变化减少了对腘绳肌的张力。由于腘绳肌始于骨
盆的坐骨结节（图 12.23），后倾骨盆（将脊柱带入轻度屈曲状态）可以缩短腘
绳肌起始点和止点之间的距离，使肌群松弛，不轻易地参与弓步行走的动作。

而为了更有利于臀肌和腘绳肌的参与，所涉及的角度需要从膝关节转移到
髋关节。因此，降低膝关节的屈曲程度，提高髋关节的屈曲程度，将更加强调
髋部伸肌——主要是臀肌和腘绳肌（图 12.22b）。在实践中，这意味着稍微加
大步幅，躯干呈明显的前倾姿势，同时保持膝盖与足部对齐。

图 12.22 弓步行走底部位置：a. 侧重股四头肌和髋部，b. 侧重臀肌和腘绳肌

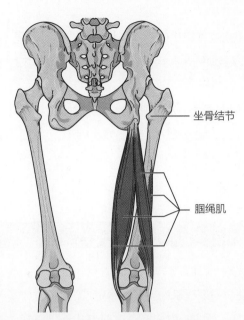

图 12.23　腘绳肌，突出显示与坐骨结节的附着点

一个小提示：女性和弓步行走

　　女性应特别关注弓步力学中的这一环节，因为大多数女性具有所谓的 Q 角（股四头肌角）（图 12.24）。与男性解剖学特征相比，在女性解剖学特征中，相对于身体的其余部分，髋部往往更宽。因此，女性的股骨比男性的股骨具有更明显的倾斜模式。

　　由于解剖学上的差异，膝内翻（膝盖向内移动）很容易在女性身上发生，因为女性的解剖结构已经让她们的身体部分完成了这一过程。因此，针对女性弓步行走的推荐变式是稍微加大步幅——不需要非常明显，加大几英寸（1 英寸 =2.54 厘米）是完全可以的——以对抗膝内翻。这种姿势会使脚位于髋臼下方，并使膝盖也处于对齐位置。

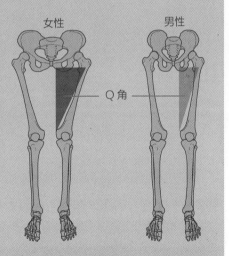

图 12.24　女性（左）和男性（右）的下肢骨架，突出显示了从髋部到膝盖的 Q 角

保持腰椎中立或略微拱起，将坐骨结节与做功的腿（前腿）的膝盖分离开，使腘绳肌紧绷。通过保持前小腿更垂直，弓步行走的模式可以类似于箱式深蹲，迫使后链肌群更活跃一些。

弓步行走可以同时作为一项非常耗费体力的体能练习，推荐使用更多的重复次数。请记住：无论弓部行走进行哪种变化，股四头肌都将参与其中，并且往往会对肌肉耐力训练做出积极反应。应该以至少 20 次弓部行走为每组练习的目标。

单腿硬拉

单腿硬拉是增强训练者每条腿的力量和稳定性，改善动作范围内的平衡和协调能力，以及增强躯干肌肉力量和稳定性的绝佳方式。单腿硬拉有许多变式，训练者可以根据自身的能力选择。这些变式都可以通过双手握持杠铃、哑铃或壶铃进行，训练者也可以使用单手握持哑铃或壶铃进行单侧练习。

这个动作的单侧版本通常会对训练者的平衡能力提出更高的要求，也可作为抗旋转练习。建议负载的手臂和站立的腿位于身体的同一侧。

对于后续的每种变式，将使用以下标准提示。
- "脊柱保持挺直 / 略微拱起"
- "只在髋关节处运动"
- "双肩保持平齐"
- "臀部保持平齐"
- "支撑腿不要过度弯曲"
- "在开始弓背之前停止前倾——重量不需要碰到地面"

对于许多人来说，在任何单腿硬拉版本中保持平衡都是一个挑战。训练者在整个动作中应保持眼睛注视前方几英尺（1 英尺 ≈ 0.30 米）的物体或地面上的一个点，目光四处移动会使保持平衡变得更加困难。

前后分立单腿硬拉

这种单腿硬拉的变式适合那些无法独立完成单腿硬拉的训练者。在这个练习中，训练者将一只脚放在另一只脚的后面。后腿的脚趾仅为保持平衡而接触地面——大部分重量将落在前腿上。保证负载一侧的膝盖能够活动，保持脊柱挺直，以髋部为轴进行屈曲，遵循所有标准提示（图 12.25a），然后返回起始位置。

屈膝单腿硬拉

在这种变式中，自由腿保持略微弯曲，并保持离地状态，训练者按照标准提示进行单腿硬拉（图 12.25b）。在这种变式中，后摆的幅度更小，因此在整个练习过程中比较容易保持平衡。

直腿单腿硬拉

这里列出的变式中最具挑战性的是直腿单腿硬拉（图 12.25c），训练者需要保持自由腿伸直并与躯干在一条直线上，训练者整体就像一个跷跷板。训练者将躯干和自由腿作为一个整体进行移动，因此如果躯干在移动，自由腿也会以相同的速度移动。在这种变式中，训练者的动作幅度可能会更受限制，因为通过与其他变式相同的动作幅度来维持脊柱的完整性可能会更具挑战性。

图 12.25 几种单腿硬拉的变式：a. 前后分立单腿硬拉，b. 屈膝单腿硬拉，c. 直腿单腿硬拉

离心式北欧挺（目标：后链肌群）

传统的北欧挺要求训练者呈跪姿，将脚跟固定在不可移动的物体下方，并利用自身体重前倾（图 12.26a），尽可能达到最大的动作范围（前倾至地面为最大范围）。髋关节不应屈曲太多——在整个运动过程中，可以保持 10 ～ 15 度的固定关节角度。一旦到达动作底部（图 12.26b），就使用相同的形式返回起始位置——主要依靠腘绳肌来完成。然而问题在于，大多数人的力量不足以完美地完成这个动作。即使是强壮的训练者，如果他们的身材不利于在该动作

图 12.26　传统的北欧挺：a. 起始位置，b. 完成位置

中有良好的表现，他们也可能会在这个动作上陷入挣扎。让一个身高 6 英尺 6 英寸（约 1.98 米）、体重 270 磅（约 122 千克）的人轻松完成一组传统的北欧挺，是一个巨大的挑战。其注意力会开始从腘绳肌转移到更敏感的区域，例如膝盖的韧带、腰椎和腘绳肌肌腱附着点，这会让训练者分散注意力，无法获得做该动作的益处。

因此，训练者仅关注北欧挺的离心阶段，可以让注意力集中在正确区域。离心式北欧挺旨在下降到地面时尽可能"刹车"，使腘绳肌在肌肉拉长时起作用，充分利用其力量极限。训练者应该努力使下降持续 5 ～ 10 秒，然后在达到动作末端后用手支撑身体。建议采用迅速的俯卧撑动作回到顶部位置，因为不应涉及向心活动。由于离心式北欧挺没有方向的变化，会对结缔组织增加额外的需求，因此训练者可以专注于腘绳肌的完全肌肉减速力量。这种减速力量是其他训练动作（如硬拉和深蹲）以及移动动作（如高效冲刺）中的重要特性（除了通过髋关节伸展将躯干推离地面外，腘绳肌在每次迈步减缓前腿的移动中扮演着至关重要的角色，其避免了前腿过度前伸，超出正常步幅）。在一组动作中，训练者会逐渐疲劳，将无法像一开始那样控制身体下降，因此每组应采用 10 次以下的重复次数，以确保动作质量。

北欧挺髋屈伸铰链

虽然离心式北欧挺是非常好的动作，与完整的北欧挺相比，它更易完成，并且可以增加关节的安全性。但我们与许多客户一起工作时发现，某些变式会导致客户在韧带压力方面感到不适。虽然没有研究涉及这个问题，但我们有自己的理念。就像腿部伸展可能对某些客户的膝盖不友好一样，因为存在前向剪切（由于腿部伸展是一种开链运动，胫骨在移动，而股骨则保持不动），我们认为在北欧挺中，股骨会移动，而胫骨保持不动，这意味着后向剪切的发生。当训练者的上半身开始向前倾斜时，这种关节压力就会显现出来。固定股骨并使其分担腘绳肌的任务，是改善这种情况的一种方法。

北欧挺非常注重膝关节的伸展和屈曲，而北欧挺髋屈伸铰链（图 12.27）甚至与离心式北欧挺不同。股骨保持在一个位置，这样膝关节承受的压力比不断改变负载角度所承受的压力小。这里的腘绳肌被要求同时保持膝关节屈曲角度不变和主动伸展髋关节，这样可以更完整地参与运动，对关节更加友好。在能

图 12.27　北欧挺髋屈伸铰链：a. 起始位置，b. 完成位置

够标准地完成动作后可增加适量负荷，实际上并不需要增加太多负荷就能有效刺激腘绳肌。

考虑到不用专注于减速或负重，因此该动作的每组重复次数可以稍微多一些，重复 12 ~ 15 次是完全可以接受的。

反向北欧挺（目标：前链肌群）

　　很少有动作能够在髋部完全伸展的状态来锻炼股四头肌，大多数动作需要在髋部屈曲的情况下进行膝关节伸展。例如坐姿腿部伸展、深蹲和弓步等。反向北欧挺可以让髋部在每个动作的过程中从开始便保持伸展状态，利用长度－张力关系（强调股四头肌的长度特性，以增强其产生的张力）来专门加强膝关节伸展的力量。股四头肌由 4 个部分组成，而反向北欧挺可能是更好地针对其中较难孤立训练的肌肉（如股中肌和股直肌）的一种方式。

　　要进行这个动作，训练者要在垫子上以双腿与髋同宽、双膝跪地的姿势开始（脚背朝下）（图 12.28a）。训练者保持身体直立并向后倾，用脚和胫骨用力按压地面，从而通过股四头肌产生张力，减缓下降速度（图 12.28b）。保持臀部收紧，以避免过度弯曲腰部。这也将确保腹肌一直保持紧绷，这对于整体的张力和支撑非常重要。在动作的过程中，离心阶段应在训练者感到轻松完成和出现技术失误之际停止，然后训练者开始进行向心收缩，遵循所有相同的指导，回到起始位置。双手可以交叉放在胸前，这是大多数训练者寻求舒适手位的典型姿势。有些训练者将手臂伸直放在身前，以获得更好的平衡感。要提高这个动作的难度，可以当能在自重情况下达到最大动作幅度时，将一块负重板紧贴在身前，许多身高较矮的训练者会发现这样的调整更合适。

图 12.28　反向北欧挺：a. 起始位置，b. 完成位置

带式辅助反向北欧挺：个子较高者，大块头

在这项运动中，与身形紧凑的训练者相比，身形更高大、体重更大或者肢体更长的训练者的股四头肌和膝关节会承受更大的负荷。体重更大和肢体更长意味着在杠杆原理的作用下，对支点（膝关节）所产生的力量会有很大的变化。在一个坚固物体上绑上一根阻力带，使阻力带在额头所在水平线以上，可以分担一部分训练者的体重，从而允许训练者在适当的动作范围内，不会受到膝关节健康或股四头肌力量的限制（图 12.29）。用两只手拉住阻力带放在身体前面进行引导，有利于保持正确的姿势，并帮助训练者摆脱深度膝关节屈曲的底部位置。随着在力量、身体成分方面或两个方面均得到提高，训练者可以逐渐减小阻力带的厚度，直到不再需要阻力带。

图 12.29 带式辅助反向北欧挺：a. 起始位置，b. 完成位置

反向超级伸展

反向超级伸展可以在训练凳、超级伸展凳（图 12.30）或反向超级伸展机上进行。反向超级伸展机提供了这 3 种选择中最大的动作范围和最好的负载能力，但任何一种变式都能提供良好的益处。反向超级伸展是增强腰部、臀肌和腘绳肌力量的绝佳方式，同时能保持对脊柱的支撑。

在这个练习中，训练者面朝下，俯卧在他们正在使用的器械上，双腿垂在器械的边缘外侧，髋关节靠在器械的边缘上，以便髋部可以自由活动。从最低点开始，训练者将双腿向上举起，有控制地保持伸直状态，尽可能达到水平位置。训练者通过收缩臀部肌肉和保持双腿伸直，在顶部位置保持约一秒，然后有控制地下放双腿回到起始位置。大腿较短的训练者在训练凳上完成此练习时，可能只能够在动作末端将膝盖全部收紧，使大腿垂直于地面，小腿平行于地面。在训练凳或超级伸展凳上进行这项运动时，训练者可以在脚踝处增加负荷，如

图 12.30 凳式反向超级伸展：a. 起始位置，b. 完成位置

在双脚间夹持哑铃，或者将连接重物的绳索挂在脚踝处。

反向超级伸展可以提供类似臀部推举、早安式体前屈、传统背部伸展和罗马尼亚硬拉等运动所带来的增强腘绳肌和臀肌的效益，同时不会对脊柱造成过多负担或增加对握力的要求。对于下肢较长的训练者来说，这个动作可能会更具挑战性，因为负载点与支点（即髋部）的距离要比下肢较短的训练者更远。这可能意味着下肢较长的训练者需要使用较小的负荷。反向超级伸展可能会使全身中壮硕腹部肌肉较发达的训练者感到不太舒适。在反向超级伸展机上进行这个动作可以解决这个问题，因为训练者可以调整垫子的位置，避免中腹部受到压迫。

后脚抬高式分腿深蹲

首先解释一下弓步和分腿深蹲之间的区别，因为它们经常被误认为是相同的动作。弓步涉及移动，起始时双脚并拢，呈双腿站姿，然后（向前或向后）迈出一步变换为分腿姿势，再通过向后推或者推进到下一个步伐的方式返回起始姿势。简而言之，弓步是一个动态的动作。然而，分腿深蹲是静态的，训练者始终呈分腿姿势而非双腿站姿。更进一步讲，分腿深蹲的运动方向是垂直的，没有向前的动力，所有的动作都是在一侧完成后再转换到另一侧进行。因此，分腿深蹲更强调膝盖的直线下降，从而确保躯干更加直立。在弓步中，训练者在执行动作时往往被允许有轻微的向前动力，这样做有益于实现从一条腿到另一条腿的转换。

对于分腿深蹲，将后脚抬高放在训练凳或垫子上，可以同时刺激支撑腿一侧的下肢肌肉，同时使后腿的髋部和股四头肌进行深度负重拉伸。对于由于髋部不灵活而导致深蹲时的深度和活动范围受限的训练者，这种练习很有帮助。

像弓步一样，采用的姿势不同，分腿深蹲侧重锻炼的部位也略有不同。缩小步幅并保持前腿的脚跟接触地面，将会使股四头肌更多地参与；而使用较大的步幅，髋部略微前倾，则强调更多腘绳肌和臀肌的参与。

放置后脚的两个常见姿势是向下踩（称为"踩虫式"）（图 12.31a）或脚背朝下（图 12.31b）。两个姿势都是允许采用的，但对于不同的训练者，它们各有一定的缺点。

在"踩虫式"的姿势下，随着后腿动作幅度的加大，后脚需要进入跖屈状态才能与训练凳保持接触，这对于脚的结构来说是很难承受的。我们曾经遇到过一些训练者诉苦在做这种练习时，脚掌的跖骨关节之间有压力的情况。为了保持舒适，大多数训练者会缩小自己的动作幅度，在动作末端会处于一个比理想位置更浅的位置，这可能会违背该练习的某些目的。

相比之下，脚背朝下的姿势可能更适合训练者，这能解决脚部韧带有压力和动作末端深度不足的问题。但是，训练者如果在脚趾指向或通过伸展来进入深度跖屈状态方面存在问题，那么将难以使其整个脚背与训练凳紧密贴合。此

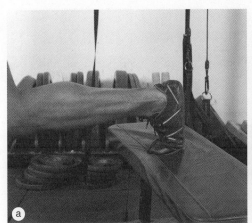
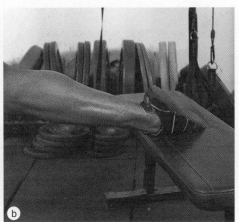
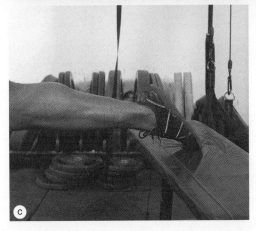

图 12.31 后脚抬高式分腿深蹲：a."踩虫式"，b.脚背朝下，c. 个子较高的训练者的脚位

外，对于较高的训练者来说，训练凳可能太矮，不便其在站立状态下进入准备姿势。因此，在每次动作结束时，脚背会离开训练凳，只有脚尖与之接触（图12.31c），从而导致平衡问题。

解决这些问题的方法是找到一个允许脚自然地勾住器械边缘的表面，以更舒适的方式进行上下移动，并且不受脚踝灵活性、身高或柔韧性的限制。一些公司制造的设备专门用于分腿深蹲，这种设备具有可调节高度的圆形软垫，用于放置脚。然而，训练者如果没有这种设备，可以使用史密斯架和杠铃垫。最后，使用倾斜的训练凳的头部可以制造一个角度，使脚勾住训练凳进行分腿深蹲，避免出现身体晃动或动作范围较小的问题。

对于后脚抬高式分腿深蹲，我们建议每条腿每组进行 8 ～ 12 次重复，以便专注于动作模式、灵活性收益和股四头肌与臀肌的耐力。然而，许多训练者也用这个动作进行单腿力量训练，举起更重的哑铃或更重的杠铃（后背或前背负重），每组进行较少的重复次数，通常每条腿进行 4 ～ 6 次重复。在每种情况下，这个动作都有价值。

较矮的训练者：后脚抬高式超程分腿深蹲

较矮的训练者可能会面临与上面提到的完全相反的问题。较高的训练者会面临较矮的训练凳阻碍踝关节运动的问题，而较矮的训练者可能会发现较高的训练凳减小了他们后腿膝盖和髋部能够达到的深度。由于他们的脚相对于其身材来说处于一个非常高的位置，需要积极的髋关节和股四头肌伸展来使膝盖触地，这可能对较矮的训练者来说是不可能实现的。此时可以为前脚添加一个抬高的平台［几英寸高（1 英寸 =2.54 厘米）］，从而通过改变后脚的相对高度来帮助维持平衡（图 12.32a）。此外，这种做法还有第二个目的，即制造下沉缺口——后腿的膝盖现在能够降到低于前脚的水平位置（图 12.32b），这可以解决较矮的训练者动作范围不足的问题。

图 12.32　后脚抬高式超程分腿深蹲：a. 起始位置，b. 完成位置

哥本哈根平板支撑

内收肌可能是许多训练者在双腿站姿锻炼中，容易忽视的非常薄弱的部分。它们的薄弱和缺乏特定的训练可能是进行单侧或双侧训练时出现膝盖外翻的原因之一。许多练习都侧重于大腿内侧，但很少有练习可以在身体直立（也就是髋部伸展）的同时，使大腿内侧承受负荷。

想象一下在大多数商业健身房中都能找到的坐姿外展／内收器械：进行这种运动时，除了大腿内侧，其他部位并没有承受太多负荷，而且还存在不良的力量角度。由于这种运动的方向，认为这种动作的变化会转化为深蹲、硬拉或弓步的表现是不现实的。

相反，使用训练凳进行哥本哈根平板支撑，可以更好地寻求髋关节和膝关节的对齐，并以更符合实际的方式承受负荷。许多哥本哈根平板支撑的变式可以使训练者受益，下面一起来看一下我们的首选方案。

直腿姿势：个子较矮、躯干较长而腿较短者

进行这个练习的准备姿势是横躺在地面上，与训练凳垂直。建议采用侧向支撑的姿势，用前臂和肘部来支撑身体（图12.33a）。训练者也可以根据自己的喜好，用方块或低平台支撑手臂。接下来，训练者将上面一只脚的内侧（内侧边缘）和脚踝放在训练凳上，脚踝用力下压，将髋部抬离地面。然后，保持膝关节伸直，将下面的腿抬起至略低于训练凳的水平位置（图12.33b）。训练者要慢速且有控制地做紧收动作，专注于双腿内收肌的参与，以缩小两腿之间的距离。

图12.33 直腿哥本哈根平板支撑：a.起始位置，b.完成位置

这是建议四肢较短或整体较为矮小的训练者尝试的变式。较长的杠杆臂或更大的体重将产生更大的应力作用于膝盖内侧，因为关节承受了训练者大部分的体重，这可能会导致不适，从而使训练者无法从内收肌训练中受益。

屈膝姿势：大块头，腿部较长者

大块头训练者可以通过缩短杠杆臂来解决上述问题。将整个小腿放在训练凳上，可以让内收肌承受相对于体重更易控制的负荷，这也使膝关节免受内侧压力的影响。由于膝盖现在也被放在训练凳上，因此它的安全是可以保证的，这是基于直腿哥本哈根平板支撑所做的一个关键调整（图 12.34a）。为了适应杠杆的变化，下面的腿也可以从伸直变成跑步者的姿势，即膝关节弯曲成 90 度（图 12.34b）。训练者的目标应该是使下面的髋部和大腿在每次动作中接触地面。（当然，为了达到完整的动作范围，需要进行向心收缩，把身体提升到训练凳的高度。）

由于这是一个自重练习，每组每侧进行 10 次或更多次重复是合理的。大多数训练者会发现，当以发展肌肉耐力为目标而不是增强最大力量时，这种模式更有价值。缓慢且有控制的动作节奏，使训练者可以专注于目标肌肉。

图 12.34　屈膝哥本哈根平板支撑：a. 起始位置，b. 完成位置

哥本哈根平板支撑：等张肌肉收缩与等长肌肉收缩

最后，训练者可以选择以等张肌肉收缩（使用向心或离心动作）或等长肌肉收缩（静态保持，如典型的平板支撑）的方式进行哥本哈根平板支撑。根据训练者的喜好，任何一种方式都是可以接受的。然而，遭受下肢损伤或在自重练习中缺乏力量的训练者，可能会从等长肌肉收缩的方式中受益，以降低进一步受伤的风险。

哥萨克深蹲

与哥本哈根平板支撑一样，哥萨克深蹲是一个独特的动作：它是在矢状平面之外对腿部进行锻炼的动作。这种侧向动作对于全面的关节健康和运动能力的发展至关重要，这就是我们将其作为一个基本的辅助训练的原因。哥萨克深蹲非常依赖于灵活性和单腿力量，因此，很多在深蹲或硬拉等练习中表现良好的训练者仍然觉得做这个动作困难重重。

由于身体是向侧面和中心移动（而不是前后或上下移动）的，训练者必须适应不同的运动形式和力量与减速的平面，这可能是他们不习惯的。根据不同体型，训练者可能需要实施针对性的考量措施。但首先，让我们回顾一下该动作的基本执行方式。

训练者双脚分开，采取宽阔的深蹲姿势，脚尖稍向外（图 12.35a）。接下来，训练者将身体重心转移到一只脚上，另一条腿的膝关节伸直。在这个过程中，可以让腿伸直一侧的脚趾离开地面并指向天花板。当将身体重心转移到一

图 12.35 哥萨克深蹲：a. 起始位置，b. 完成位置

条腿上时，训练者开始以这条腿为支撑进行深蹲（图 12.35b）。这将需要支撑腿的脚跟保持稳定。训练者保持挺直脊柱的姿势，并回到起始位置，然后在另一侧重复动作。训练者可以选择同侧或交替进行这个动作，重点是在整个运动过程中保持肌肉的张力，目标是在两侧都要达到完整的动作幅度。

平衡式哥萨克深蹲：腿部较长、躯干较短者

某些体型的训练者可能会在以基本形式进行哥萨克深蹲时感到困难，这个练习对于躯干较长、腿部较短的训练者更加友好。腿长、躯干短的训练者在这个练习中难以保持直立，很容易向后倒，这是由于其缺乏平衡点。即使训练者背屈肌的健康状况很好，在单腿向侧面移动时，其也会因缺乏支撑而难以保持躯干垂直。因此，手持单只哑铃或壶铃并向前伸展手臂，可以给训练者一个反向的负荷，以便他们保持平衡；这类似于前负荷深蹲的模式，有利于使躯干更加垂直和使训练者更好地保持平衡。

箱式哥萨克深蹲：大块头，个子较高者

在做普通深蹲时，向下移动较长的距离对于训练者来说可能是一项巨大的挑战。再将哥萨克深蹲加入其中可能会加剧这项挑战的难度，因此，放置一个目标物（可以是跳箱、凳子或升降台）是很有必要的（图 12.36a）。像较高的训练者一样，大块头训练者也可以从这种调整中获益，以减少在这种技术性动作中使用单腿承重的风险。通过放置一个可拆卸的升降台来减小动作范围，是一种逐步做出健康有力的全幅度动作的明智方式（图 12.36b）。

图 12.36　箱式哥萨克深蹲：a. 起始位置，b. 完成位置

杠铃臀推

臀推训练的变式可以成为下半身训练方案中强有力的补充，主要是因为它们允许身体进行负重的髋部伸展，而不受硬拉或深蹲所施加力的角度的限制。即使使用了屈髋模式，重量放置在髋部上（而不是肩膀或地面上）也使得臀肌在可活动范围内可以更好地被激活。此外，与深蹲相比，这种训练可以减少股四头肌的参与，从而更好地锻炼髋部伸展肌肉。

在进行杠铃臀推时，训练者坐在地面上，上背部贴着一个稳定的训练凳或其他表面，杠铃放在髋部上方。（我们发现使用杠铃垫可以在杠铃和身体之间的接触点上缓解压力，特别是在推起较大负荷时，这通常会使训练者感到更加舒适。）双脚间距与髋部同宽，膝盖弯曲约90度，脚跟平放在地上，训练者利用臀肌将髋部向上推至完全伸展，利用训练凳或其他表面作为上背部的支点。

值得注意的是，腿部较长而躯干较短的训练者会发现在标准训练凳上找到理想的背部位置更加困难，因为训练凳会接触到他们背部的较高点，并可能妨碍他们手臂的运动。这种情况下，使用训练凳的末端边缘作为支点可能是一个合适的选择。

绳索硬拉

与杠铃臀推类似，绳索硬拉通过不同的发力角度，可以锻炼髋部伸展肌肉。虽然杠铃臀推可以用作大负荷训练和渐进式超负荷训练，但是绳索硬拉不能以同样的方式进行。它更适合被视为一种辅助训练，以激活、建立动作模式和提高动作质量，为力量训练做准备。绳索硬拉的限制在于，一旦负荷变得过大，保持平衡就变得很困难，而且训练者可能被绳索和负载的重量向后拉。因此，使用较小的负荷，以完成更多重复次数为目标，是进行这个练习更聪明的方式。我们建议将其放在下半身训练或以髋部主导的训练的前面进行，作为一项打基础的练习，以提高技术熟练度为主。

将绳索挂在一个低一点的滑轮上（靠近小腿的位置效果最佳），训练者背对滑轮，双手握住绳索，双腿跨过绳索站立（图12.37a）。脊柱保持中立，躯干尽量垂直于地面，双臂保持伸直，仅作为负荷的锚点（图12.37b）。如果正确执行该动作，身体将呈与硬拉相同的几何力学形态，但力量角度类似于臀推。

图 12.37 绳索硬拉：a. 起始位置，b. 完成位置

因此，训练者可以更容易地在整个动作范围内收缩臀肌和腘绳肌，同时减少负荷从目标肌肉中转移出去的机会。

对于没有绳索滑轮机可用的训练者，可将所需厚度的阻力带系在任何稳定的支柱上进行该练习。

腿部伸展和腿弯举

腿部伸展和腿弯举通常被认为是一对训练，因为它们都是针对大腿的单关节孤立器械训练（腿部伸展主要锻炼大腿前侧，腿弯举主要锻炼大腿后侧）。这些训练没有太多需要注意的细节，换句话说，这些训练很难出错。但是，这些训练的优化取决于精细的细节设置，更多地涉及器械，与个人的相关性较弱。

腿部伸展

执行腿部伸展的一般指导方针是，座位应该调整到使训练者的膝盖与器械轴线对齐（图 12.38）。这可以通过将座位的后部支撑向前或向后移动来实现，具体取决于个人喜好和人体测量学特征。同样，大多数腿部伸展器械也有一个可调节的小腿垫，可以根据腿长向上或向下移动。为了增加杠杆臂的长度，将小腿垫靠近踝部放置更为理想。这种放置方式将增强对股四头肌的重点锻炼，但要注意这样也会使膝关节承受更多压力。

图 12.38　腿部伸展：a. 起始位置，b. 完成位置

腿弯举

　　腿弯举（图 12.39）注重将腘绳肌作为膝关节屈曲肌，而非髋关节伸展肌，这使腿弯举成为合理补充力量训练方案的独特训练。与腿部伸展类似，进行腿弯举时训练者可以调整小腿垫的位置，并通过使其靠近脚跟来加长腘绳肌的杠杆臂。在起始位置，腿部应该接近（但不是完全）伸直，留有一些空间让负荷返回静止位置，这与在张力下保持腿部完全伸展不同。由于这个动作涉及的协同肌肉很少，主要依赖于膝关节周围的肌肉，因此在每次动作开始时，将膝关节屈曲 5 度，而不是完全伸展，可以减少膝关节的过度伸展，从而减少不必要的肌腱或韧带压力。

　　对于这两个训练，训练者可以通过调整腿和脚的宽度和角度来针对目标肌

图 12.39　腿弯举：a. 起始位置，b. 完成位置

群的特定部位进行训练。然而，我们推荐使用与髋部同宽的正方形站姿（双腿与髋同宽，脚尖和膝盖对齐朝前），脚部角度相对中立（既不完全背屈，也不完全跖屈）。

辅助训练和主要训练同样重要。要注意的是，深蹲、硬拉、引体向上、划船和推举都是矢状面的训练，这些训练可以在基本层面上提升训练者的力量、肌肉肥大程度甚至是运动能力，但训练者仍然需要可以帮助实现全面进步的冠状面和水平面的训练。而辅助训练通过增加薄弱点、稳定肌和通常不被孤立训练的肌肉（在进行大重量训练时作为协同肌群）的训练量，从而有助于训练者更好地完成大重量训练，最终实现运动表现的显著提升。因此，编写辅助训练方案非常重要。

第13章

体能训练的注意事项

尽管本书主要针对力量训练和抗阻训练，但专门有一章讨论体能训练是合适的。我们相信全面的健康体能训练需要对力量训练进行适当的平衡，特别是当训练者告别其"青少年岁月"，成为一个成年人后。全年进行大量数字化指标的运动表现训练，对年轻的成年人来说可能没有问题，但它并不能解决其他年龄较大、有数十年训练经验或在损伤困扰下还要承担生活责任的训练者的问题。

对于已经有基础的 40～50 岁的人来说，其对于通过训练保持力量、改善健康体能和整体健康的看法，与 21 岁的从未接触过力量训练的人截然不同。无论起点如何，训练者都应该理智地认识到，体能训练应该在一年的训练方案中占据一席之地，而且随着训练者训练旅程的深入，它的重要性可能会越来越强。

体能训练通常被视为可以改善和增强 11 项健康体能元素中的 3 项：心肺功能、肌肉耐力和身体成分。

设计让心率长时间保持在高水平的训练，将以提高训练者的做功能力、减少恢复所需时间（改善肌肉耐力和增加心肺功能的副产品）以及促进脂肪减少的形式带来回报。出于健康考虑，这些就足以成为进行体能训练的原因。有多种方法可以进行体能训练，既可以使用外部负荷，也可以不使用外部负荷。

低强度稳态（Low-Intensity Steady-State，LISS）有氧运动可能是最典型、最传统的体能训练方法。它依赖有氧能量系统，并保持心率在强度区间的底端。训练者维持在大约 60% ～ 65% 的最大心率是常见的做法，以达到低强度稳态有氧运动的效果。计算这个百分比非常简单：（226 － 年龄）× 0.65。这意味着对于一个 34 岁的训练者，他最大心率的 65% 约为每分钟 125 次。在整个健身行业的认证计划和运动生理学教科书中，这一做法一直被有氧训练和心率训练采用，可以逐渐燃烧碳水化合物和脂肪。

间歇训练利用了 ATP（Adenosine Triphosphate，三磷酸腺苷）能量来源和身体的无氧系统。这种训练相当于短时间内进行一些爆发性、快速和剧烈的活动，然后在随后的一段时间内用低强度和慢速的活动来调整恢复。训练者会在规定的时间内交替使用这些方法，一个例子是用最快速度的 3/4 进行 10 秒的冲刺，然后步行 30 秒。大量研究支持这种训练可以提高训练者的新陈代谢率，并对脂肪减少产生持久的影响。

代谢训练者通常使用外部负荷或自己的体重作为阻力，训练者在连续执行一个动作（或一组动作）时，几乎没有休息时间。这种训练通常在力量训练后进行，是为了取代在完成传统形式的训练后进行的有氧运动。代谢训练者的常用训练包括推或拉雪橇 25 ～ 50 米，组间间隔时间较短（60 ～ 90 秒）。通常情况下，训练者会在一定时间窗口内进行训练，例如 10 ～ 15 分钟。另一个例子是经典的倒阶梯式俯卧撑和引体向上交替训练。在这个训练中，训练者从做 1 个俯卧撑开始，然后做 10 个引体向上。在没有休息的情况下，训练者接着做 2 个俯卧撑和 9 个引体向上、做 3 个俯卧撑和 8 个引体向上，如此相对递进，直到训练者做 10 个俯卧撑和 1 个引体向上为止。整体可以重复两三次，组间休息 90 ～ 120 秒。

经典的循环训练与本书迄今为止讨论的传统训练有所不同。我们讨论的主要是力量训练，以及潜在的对于超级组的运用，而循环训练包括 3 个或更多练习，连续进行，没有休息。当然，与单项训练相比，在循环训练中，负荷需要减小，以完成相同数量的动作重复次数。

短跑是最纯粹的无氧训练形式，也是在健身大类下的代谢训练中的一个子类别。它需要大量的肌肉协同做功，以进行最大功率的输出，因此，尽管它在塑造更好的身体条件方面非常有效，但我们需要深入研究其中的技术。很多人忽视了像任何负重训练一样，短跑也有需要学习和完善的技术形式要求，以避免受伤。

符合本书主题的是，在任何体能训练中，训练者的身体类型都应该作为首要考虑因素。因此，我们需要在开始体能训练前了解一些真相。

真相：现实生活需要更多肌肉耐力而非纯粹的力量

本书可能是你唯一能了解到这种说法的书。

以现实生活为向导，事实是：我们在日常生活中，很多时候需要力量来使事情变得更容易，但大多数需要力量的任务也需要肌肉耐力。在力量和体能训练领域，这是一个被忽视的真相，大家反而青睐于大负荷、3 次最大负重和单一维度的进阶。

从逻辑上思考：我们几乎不会将家具或任意的杂货仅仅抬起来 3 秒就放下。在这个例子中，我们要承受长时间的张力，因此我们应该注重更多的动作重复次数，以增强我们的耐力，同时这对我们的心脏也有好处。这可能是一个信号，表明我们应更关注健康体能的这个方面，以达到更好的身体状态。

许多教练会说，重复进行多次起重会使训练者更容易受伤，因为在一组训练内疲劳会累积增加，当然，在让你与时间赛跑的训练方法（计时训练）中，这种说法是正确的。这也是近年来在许多流行的高强度健身和体能训练方案中，受伤率很高的主要原因。但是，对于一个把健康和保健放在首位，同时想要增肌和增加力量的业余训练者来说，做 10 ～ 12 次甚至 15 次复合动作（如深蹲、硬拉、过顶推举或卧推）的组数，完全应该成为他们的常规训练内容。

似乎没有人提到的因素是，为了使这种训练方法发挥作用，负重需要显著减小。这样可以减轻关节和结缔组织的压力，这是具有长期经验的训练者也需要考虑的事情。此外，假设充分的休息和良好的动作形态得到保证，相比于以 90% 最大负荷完成 2 ～ 3 次动作，训练者以 70% 最大负荷完成 10 次动作，受伤的概率更低。

真相：许多体能训练方案
并没有考虑到个体的体型

诚然，这个事实将占据本章的大部分内容。对于一个体型较为庞大的训练者来说，将负荷从一点移动到另一点需要做更多的功。

通常，通用的"困难"训练指令，特别是对于代谢训练，会要求训练者在规定的时间限制下，以一定百分比的最大负荷完成规定的动作重复次数。由于在动作中个人做功比承受负荷更重要，特别是在体能训练和健身方面，因此这种说法值得重新思考。

体型相对较小的训练者通常拥有更大的相对力量，体型相对较大的训练者则通常拥有更大的绝对力量，这是一个重要的区别。这意味着训练者应该理智地选择体能训练的方式。在一项使用 60% 最大负荷、伴有短暂休息时间的深蹲训练中，对于一个体重为 160 磅（约 73 千克）的训练有素的训练者来说，这个负荷可能是 185 磅（约 84 千克），但对于一个体重为 240 磅（约 109 千克）的训练者来说，这个负荷可能是 275 磅（约 125 千克）。体型更大的训练者不仅必须承载更大的负荷，还必须将该负荷移动更远的距离（如果他们身高也较高的话），这意味着他们要做更多功，功的计算公式为：功 = 力 × 位移。要求体型较大的训练者与体型较小的训练者以相同的短间歇时间完成训练是不现实的，这将使体型更大的训练者很早就无法完成规定的训练。

这是困扰许多身高更高和体重更大的训练者的现实问题，也可能错误地暗示训练者的体能和健康体能水平比实际水平更低。事实上，较大的身体需要更多能量来运转，这一点必须得到承认。

针对能量消耗，我们建议身材高大的训练者注意以下几点：通常情况下，将大型举重动作百分比训练（1RM）与高次数练习以及固定短间歇的训练方式综合是导致受伤的原因，这不是因为训练者缺乏力量或能力，而是因为身体未得到充分恢复。做更高次数练习并没有问题，但选择正确的练习方式非常重要。在组间休息时，给身体足够的休息和恢复时间，不必一味地坚持 45 秒的休息时间。

对于那些仍然想计时休息的训练者，至少主要动作的组间休息时间要更长。短间歇应留给使用设备或哑铃进行的辅助训练，身材高大的训练者应将重点放在最需要技术的地方：在最大负荷下进行大型举重动作时保持动作规范。

低强度稳态有氧运动的注意事项

由于这种训练方法更为直接，并且健身房中通常会提供跑步机或椭圆机等训练设备，因此只需按照之前的描述进行计算，即可获得训练者60%或65%的最大心率。然后，训练者相应地调整训练设备的速度、阻力或坡度，以目标强度保持一段时间。将心率保持在此水平30～40分钟，可以为心血管系统和心脏健康带来益处。对于一个身型较小、体重较小的训练者来说，达到相同效果所需训练设备的速度、阻力或坡度，可能会比一个身型更大、体重更大的训练者稍微大一些。

在划船机上，训练者可以主要关注运动效率。然而，有一个重要的指导原则需要注意——训练者不应使用每500米所用时间或每分钟划船次数这样的指标来衡量表现，因为个子较高、四肢修长的训练者在这方面会稍微有点优势。在划船运动中，你会发现很多划手都有较高的个子、较长的四肢，因为这可以增加每次划桨时的距离，影响船的速度（以及达到和维持这个速度的效率）。

在相同的距离下，用更少的划桨次数，意味着每个关节的使用频率更低，并节省了一些关键的能量。总之，一个6英尺5英寸（约1.96米）的训练者比一个5英尺4英寸（约1.63米）的训练者（图13.1）更容易在进行500米划船时使用更短的时间。在一次3000米划船中，保持每500米用时2分10秒（作为一个例子），对于一位训练有素的较高的训练者来说将更加现实，而对于一位训练有素的较矮的训练者来说，这将更加困难。像任

图 13.1 不同体型训练者使用划船机的差异：a. 较矮的训练者使用划船机，b. 较高的训练者使用划船机

何一种设备一样，划船机的使用需要正确的技术。要取得最佳的划船表现需要一系列协调动作，训练者最好接受初步指导。对于训练者来说，学习如何正确使用划船机非常有益，还可以预防受伤或过度依赖错误的肌群来执行动作。

除了采用基于设备的有氧运动方法之外，训练者可以使用轻量的器械来模拟低强度稳定有氧运动的需求，再次把举重百分比的概念放在一边，而是考虑使用小负荷，从而能够在整个训练过程中保持运动状态。

土耳其起立

单是完成蹲下和起身动作，就比许多人想象的更具体力要求和有氧挑战性。使用较轻的壶铃或哑铃，可以为训练者增加合适的挑战，而且不会造成过重的负担。与其他上下运动（如波比跳）相比，土耳其起立是一种独特的选择，因为它们通常以较慢、更受控的速度进行，以保证安全，并可实现对身体各个结构的灵活性、稳定性和整体运动能力的改善，具体如下。

- 肩袖的耐力和稳定性
- 肩、髋和胸椎的灵活性
- 腹肌和斜方肌的力量
- 后链肌群激活
- 协调、平衡和空间感知

为了正确执行土耳其起立，训练者先仰卧，一侧膝盖弯曲，同侧脚平放在地上，另一条腿则伸直。目标是通过伸直双臂和一条腿来把身体"展开"。

屈腿侧的手持壶铃（重量在前臂外侧）或哑铃，手臂伸展，指向屋顶（图 13.2a）。眼睛注视壶铃或哑铃，手指关节朝向天花板。这些原则永远不应被抛弃。

下一步有点像仰卧起坐，训练者利用腹肌，用撑地手的肘部和弯曲腿的脚跟向地面施加力量，以进入坐姿（图 13.2b）。训练者可以借助一点势能来完成这个动作。

确保负重手臂保持伸直状态，一旦形成了正确的肘撑姿势，就再次用撑地手向地面施加压力，直到训练者仅靠手坐直（图 13.2c）。

而后，训练者用撑地的手和脚跟创造一个高的拱桥（图 13.2d）。挤压臀部，收紧核心，将髋部抬高，以使自由（伸直）腿从底部通过（图 13.2e）。

　　然后，训练者小心地通过弯曲膝盖和拉动来带动自由腿穿过底部，使其在身体下方以膝盖着地（图 13.2e），释放撑地手，进入半跪姿势并挺直身体（图 13.2f）。

　　最后一步是直立站起，并始终保持负荷在头顶上方（图 13.2g）。训练者应专注于小心地站立，避免肘部弯曲。这可能比看起来更困难，这也是为什么一开始选择合适的重量来做这个练习非常重要。

图 13.2　土耳其起立：a. 起始位置，b. 手臂伸展，c. 移动成坐姿，d. 高拱桥姿势，e. 自由腿移动，f. 半跪姿势，g. 直立站起姿势

记住，土耳其起立还涉及回到地面的动作。由于地面不会动，保持目光向上，学会凭感觉（而不是低头看）来反向重复先前的动作，是一项非常宝贵的技能。一旦注意力分散，就可能导致器械掉落。首先，训练者轻轻地将与做功手相反的那一侧膝盖有控制地放在地面上。自由手放在身体侧面，而不是身后，这为身体提供了足够的空间，以形成一个拱桥。抬起跪撑的膝盖，从底部穿过回到起始的直腿位置。训练者缓慢地将腿伸展并有控制地将臀部放到地面上。

接下来，撑地的手臂向外滑动，直到肘部接触地面，然后肩膀和背部随着一起回到地面上。这时，训练者应该处于起始位置。

土耳其起立的步骤很多，但它在实践中并不那么令人生畏。训练者只需要重复几次，就可以非常熟练地完成这个练习。我们推荐的方案是简单地交替使用双手（即先用右手拿起壶铃或哑铃起立并下蹲，然后换到左手重复）进行较长时间的训练。每组训练时间取决于所举重量，但我们建议男性所举重量为 25 ~ 35 磅（11 ~ 16 千克），女性所举重量为 10 ~ 20 磅（5 ~ 9 千克）。从两个 5 分钟的动作组开始，每组之间休息 90 秒，且是完全休息，这是测试训练者的体能水平的良好方法，并使他们能够专注于保持均匀的运动速度，而无须执行一定数量的动作重复次数。

一分钟训练

一分钟训练（Every Minute on the Minute Training，EMOM）是一种非常苛刻的训练方法，可以提高体能水平。训练者只需启动时钟，在时钟运行时执行一定数量的动作重复次数。完成一组后，该一分钟内剩余的时间可以用于休息，下一组从下一分钟开始。

通常，典型的 EMOM 会在下一组开始前给训练者留下 35 ~ 45 秒的休息时间。这种方法的好处在于，训练者可以按自己的意愿进行 EMOM，每组休息时间可长可短，具体取决于他们的体能水平。

EMOM 最好使用大负荷的复合动作，因为与较小负荷的举重动作相比，它会导致更大幅度的心率上升和更长的恢复时间。EMOM 适用于引体向上、深蹲、硬拉、过顶推举和卧推等练习，但必须采取特殊措施。

请记住，这些练习都涉及需要持续做功的复合动作。因此，选择合适的重量时不应仅基于动作重复次数。

我们发现，无论体型大小，有训练经验的人最好基于自己体重的百分比来选择负重，因为这样选择的负重，对于进行多组训练而言更加切实可行。训练者可参见表 13.1，以获取 EMOM 建议示例。

表 13.1　EMOM 建议示例

练习	相当于体重的百分比
卧推	60%
深蹲	80%
硬拉	100%（相当于体重）
过顶推举	40%
引体向上	100%（如果适用，相当于体重）

训练者的体型、杠杆和每次动作的肌肉张力是不同的，这会反映在所执行的动作重复次数上。例如，在进行 20 分钟的 EMOM 深蹲时，身材高大的训练者可能选择每组完成 3 次，而个子较矮、体重较小的训练者可能选择每组完成 5 次。同样，手臂较短的训练者在 EMOM 卧推中可能选择每组完成 5 ～ 6 次，而手臂较长的训练者可能选择完成 3 ～ 4 次。考虑到磷酸肌酸系统（肌肉依赖的即刻能量来源，用于发挥短时爆发力和力量）耗尽的时间（10 ～ 15 秒），我们建议每组的训练量不要超过该时间窗口，以为下一组动作涉及的肌肉所需的 ATP 提供充分的恢复时间。

EMOM 可能看起来很容易，特别是考虑到所建议的次极限负荷，但如果选择了一个实际的起始重量并且遵守了时间规则，所有训练者在完成第八组时都应该感到心肺和肌肉的疲劳。对于大负荷的 EMOM，我们建议持续进行 15 ～ 20 分钟。如果训练者在 20 分钟内完成了所有动作，建议适当增加每组举起的重量或重复次数。再次强调，这种方法的好处在于它减少了负重和每组动作重复次数（相对于在正常情况下能举起的最大负重和能完成的最多动作重复次数），并通过非常短的休息时间来平衡。

训练者可以在同一训练单元中使用 EMOM 进行两种练习，以进行全面的体能训练，但训练者最好确保所选择的练习不涉及竞争性的动作。换句话说，将实力推举和卧推或深蹲和硬拉（举例）配对是不明智的，因为它们涉及许多相同的肌肉，这样会增加做第二个练习时的风险，并可能降低表现水平。

高强度间歇训练的注意事项

由于高强度间歇训练（High-Intensity Interval Training，HIIT）涉及间歇性的高强度运动（通常休息时间较短），如果可能的话，使用较小负荷或自重练习相对更安全、更明智。事实上，有许多高强度间歇训练可以作为例子，但我们想将较小、较轻的训练者与较大、较重的训练者进行对比，因此建议使用 Tabata 训练（Tabata 训练是健身领域中最受欢迎的高强度间歇训练形式之一）但令人遗憾的是，它经常被误用，与其真正的目的和执行方式有所偏差。

Tabata 训练旨在使训练者达到其无氧阈值。它通常包括 20 秒的运动，10 秒的休息，每个练习重复 8 组。当正确执行 Tabata 训练时，每个练习总共持续 3 分 50 秒，然后训练者转换到下一个练习。这是最纯粹的有效肌肉分解形式，但有些人喜欢使用循环式的方法，以每 20 秒为单位循环进行各种不同的练习。Tabata 训练以无氧能量系统的调动为目标，20 秒的运动时间应该足以使做功的肌肉完全疲劳，每组之间几乎没有时间来恢复 ATP。

这意味着每个动作都应该有目的地进行，以利用 ATP 的耗尽并推动运动强度达到无氧阈值。每个动作都应该是爆发性的，如果下一个动作仍将是爆发性的而不是缓慢和微弱的，最好在动作之间停顿几秒，以进行恢复。如果一个人在 8 组动作中的第五组或第六组时仍然可以正常运动，那么他可能没有尽全力完成这一组动作。这种方法应该能够真正分解做功肌肉并产生大量乳酸堆积。

Tabata 训练还会导致运动后过量氧耗（Excess Postworkout Oxygen Consumption，EPOC）现象。Tabata 训练要求的无氧做功使得做功肌肉处于氧亏状态，身体需要时间来补偿氧。这就是短跑运动员进行 10 秒的全力 100 米冲刺后，会急促呼吸几分钟的原因。这种状态会促进代谢需求的增加，可以在锻炼身体的快缩型肌纤维的同时，使脂肪减少。以下是适合 Tabata 训练的运动选择。

- 深蹲（自重或极小负荷高脚杯深蹲）
- 弓步（自重）
- 俯卧撑
- 反向划船
- 俯身杠铃划船（极小负荷）

- 仰卧起坐
- 登山者
- 骑风阻自行车
- 哑铃中立握过顶推举（极小负荷）
- 深蹲跳（自重）
- 药球砸击

鉴于上述内容，Tabata 训练应该由具有良好体能训练基础的中级或高级训练者使用。只以一半的努力来进行这些训练是没有多大意义的，而且违背了该方法的设计初衷。体型较小、轻量级的训练者在进行 Tabata 训练时将具有明显的优势，原因有两个：一是较短的杠杆意味着更高的频率，二是较小的动作范围意味着做功较少。也就是说，每次动作后他们能恢复得更快。体型较大的训练者需要注意恢复时间，以获得相同的益处，而不致过早地感到疲劳。

大块头训练者和 Tabata 训练

对于追求 Tabata 训练效果的大块头训练者来说，颠倒做功与休息的时间比例，可能会是一种拯救之道。每次训练都完成相同的 8 组，尽可能先努力运动 10 秒，然后休息 20 秒。如果其他所有条件都相同的话，这可能是能让大块头训练者完成整套训练的决定性因素。

训练者在进行 Tabata 训练时，不应该使用过大的负荷。在 Tabata 训练的选项列表中，如果有练习涉及外部负荷，对于一个体格健壮的成年人来说，每只手 10 磅（约 5 千克）就足够了。

此外，接连进行两个涉及协同肌肉的练习，可能会损害动作姿势和技术。例如，在进行 Tabata 深蹲之后，再进行 Tabata 弓步；或在进行 Tabata 仰卧起坐之后再进行 Tabata 登山者，都会对第二个练习产生不利影响。因此，建议给前一项练习中涉及的相关肌群一些恢复时间，让接下来的练习侧重于不同的肌群，例如将 Tabata 仰卧推举与 Tabata 静态弓步配对进行。

冲刺（以及高强度间歇冲刺训练）

　　冲刺是一种常用的体能训练方法，尤其是当它被用于间歇训练中（也称为节奏冲刺训练），它非常具有运动挑战性。很多人错误地认为，由于短跑冲刺不涉及外部负荷，仅依靠个体的能力，是一种安全且强度较高的训练方式，几乎不会出现什么差错。但与健身房中的任何一种运动一样，短跑冲刺需要训练者足够关注细节才能确保安全。

　　体型更大、更重的训练者理应能够施加更大的力量来对抗阻力。像短跑冲刺这样的剧烈运动，需要训练者进行极强的向心和离心收缩，尤其是如果训练者没有经常在跑道上进行训练的话。需要说明的是，仅仅在夏季的每周进行一次训练是不够的。田径运动员和喜欢进行短跑训练的力量训练者之间的区别在于，田径运动员每周花费 15 小时在跑道上训练，而仅用 3 小时在力量房中；力量训练者可能每周花费大约 10 小时在力量房中，但只会花 1 小时在跑道上训练。由于这种差异，力量训练者成年后随着年龄的增长，要愈发重视安全问题。如果他们不小心，无论技术水平如何，短跑冲刺都可能导致拉伤，甚至肌肉撕裂。以下是一些确保这种情况不会发生的建议。

　　•在训练中始终有所保留。认识到以比赛为目的和以改善体能为目的的进行短跑训练的区别，以及短跑训练在运动和健康方面会产生不同的效益，这非常重要。训练有素的短跑者知道，以 90% 的最大速度跑与全力冲刺之间存在巨大差异。对旁观者来说，速度（或冲刺用时）可能没有太大差异，但保持 90% 的最大输出将明显使训练者更轻松自如。

　　•选择较长的冲刺距离。30 米或 40 米的距离有利于训练者收紧身体，疯狂地冲向终点线。以最大速度的 85% 或 90% 进行跑动仍然是在冲刺。在 100 米或 150 米短跑训练组之间，允许训练者有更多休息时间（相较于 40 米重复冲刺跑的休息时间），这样不仅有助于训练者加大步幅，而且还能提供更多张力时间，从而使训练者更好地进行体能训练。

　　•对于一个良好的短跑训练，进行适当的灵活性训练、伸展运动和高抬腿、高抬腿跑、踢臀跑和交叉步等短跑专项热身训练是非常重要的。以下是一个符合建议的较长距离的短跑训练示例。在进行一些热身训练和几组 30 米或 40 米的准备性短跑之后（根据需要决定休息时间），训练者进行 2 组 80 米、2 组

100 米和 4 组 120 米的训练。训练者在组间走回起跑线，在此之上进行额外的 30 ～ 60 秒的休息是可接受的。

· 避免使用跑步机。在大多数情况下，在速度上限为 12 英里 / 时（约 19 千米 / 时）的跑步机上进行冲刺并不算真正的短跑冲刺。精英运动员在 100 米冲刺中可以达到接近 30 英里 / 时（约 48 千米 / 时）的最大速度。即使训练者可能并不是精英运动员，但在地面上跑动时跑动速度超过 12 英里 / 时（约 19 千米 / 时）仍然是合理的。此外，跑步机上的移动是通过传送带拉动训练者的腿来实现的，而不是依靠运动员进行主动髋关节伸展，训练者最好通过在户外进行短跑来学习正确的动作形态。

· 使用站立式滑降起跑，而不是从完全静止状态爆发性起跑。从完全静止的位置（如三点式或起跑器）起步需要深屈髋和屈膝，并对身体能力提出了非常高的要求。这是导致肌肉拉伤的简单原因，尤其是在最初的几步中，肌肉可能还没有充分适应跑步训练状态。相比之下，采用站立式滑降起跑——训练者先直立，然后缓慢降至前后脚分立的半蹲姿势，同时让自然的势能和重力将身体向前拉动，直到双脚不得不起步——这是一种我们认可的安全方法，可以逐渐改变关节的角度。为了更加安全，训练者应该从 5 ～ 10 步的小跑开始冲刺。

· 进行高强度间歇训练或节奏短跑冲刺时，与在健身房进行相同目的的锻炼时一样，二者适用的原则相同。为了保证训练效果，训练强度必须要有所改变，这一点是无可争议的。这就是为什么在两个 100 米的短跑之间仅有 30 秒休息的情况下，短跑成绩不会有所提高。了解这一点后，采用典型的高强度间歇训练或节奏短跑冲刺方案（如在跑道的直道短跑，然后在弯道行走、跳跃或小跑）的训练者在短跑过程中应该采用更低的速度，大约是最大速度的 75%，而不是最大速度的 90% 或 95%。

爬坡冲刺

在合理的斜坡上进行冲刺，可以纠正不良的冲刺动作机制，因为训练者将更直接地对抗物理阻力。在不浪费能量的情况下到达坡顶，会迫使训练者进行更多的线性力量生成、更强力的手臂驱动和更大幅度的膝盖抬高。此外，其他如通过躯干过度旋转或使用短小步幅的代偿措施，会很早就在训练过程中显现出来。并且，由于爬坡冲刺更像攀登而不是奔跑，对关节的影响相对较小。冲刺训练可能不如举重训练的优先级高，因此与平地冲刺相比，包含爬坡冲刺的训练可能更为重要，这样可以有效避免因残留的关节疼痛而影响深蹲、弓步和硬拉等力量训练。

将爬坡冲刺作为高强度间歇训练时可以这样进行：以80%～85%的最大速度进行16组40米的冲刺，建议步行缓慢下坡，并在组间增加额外的30秒休息时间。

短跑冲刺和爬坡冲刺可以作为单独的训练，也可以作为在健身房中进行力量训练后的高强度间歇训练或代谢训练。由于神经需求（冲刺完全由快缩型肌纤维支配，这意味着高阈值运动单元会受到最大的冲击），训练者需要适当调整对于运动表现的期望值，因为许多肌肉会因举重训练和使用相同的能量系统而疲劳。

雪橇推拉训练

雪橇推拉训练（图13.3）是代谢训练的一种选择，但它在冲刺训练中的用处更大。它类似于爬坡冲刺，训练者使用身体将物体从一个地方推向另一个地方，通常会通过自我调整动作形态和技术来提高运动效率。进行雪橇推拉训练的好处是，训练者可以实现在负重训练的离心阶段处于无负重状态。下肢肌肉只需在每次迈步时移动沉重的负荷，对于腿部恢复到其原始位置，不存在阻力。自由离心训练可以减少肌肉损伤，从而创造更大的训练量窗口。

雪橇推拉训练有多种变式：可以用小负荷进行低强度稳态（持续）训练，也可以用大负荷进行节奏较快的（更短的距离和更少的持续时间）高强度间歇训练。

图 13.3 雪橇推拉训练

循环训练的注意事项

选择循环训练的项目时需要考虑以下因素。

· 根据体型选择对身体和关节友好的动作

· 不涉及竞争性肌群的动作

· 不受握力、平衡或腰背疲劳等非核心因素影响的动作

第三点非常有趣，当训练者把本应无须太过关注的某个部分视为关键时，可能会出现令人沮丧的问题。以下是这种循环训练的一个例子。

1. 杠铃硬拉：10 次

2. 自重引体向上：10 次

3. 悬挂高翻：5 次

4. 哑铃弓步行走：20 次

5. 锤式弯举：10 次

虽然这似乎是一个很棒的训练，也是一个快速增强体能的绝佳方式，但所有这些运动的共性是它们都需要强有力的握持。因此，训练者的握力很容易耗竭，特别是在第二轮或第三轮训练中。更好的选择是选择一组以拉和推为基础的上肢训练，甚至可以涉及开放和闭合手的姿势。

个子较高或腿比较长的训练者，应该基于其生物力学特征，考虑哪些复合动作会导致肩膀、膝盖或腰椎等关键区域承受超出正常的压力。选择合适的练习项目，以"set-and-rest（动作组 - 休息）"的形式进行训练，通常是训练者会采用的方法，这样训练者不会有任何不必要的不适，但采用循环训练并减少休息时长，可能会加剧曾经有的小问题。下面以下肢较长、躯干较短的训练者为例说明这个问题。

1. 传统杠铃硬拉

2. 过顶推举

3. 俯身划船

4. 自重臂屈伸

5. 高脚杯深蹲

在这种情况下，考虑到这 5 个动作中所采取的几何角度，或全幅度来进行完整的动作，会对腰椎或肩关节产生很大的负荷，因此训练者应该选择至少两个性质更为孤立的小肌群动作。尽管每个动作都很棒，但如果没有休息好就连续进行，对于这种体型的训练者可能并不是最好的选择。

理智地选择负重

在这一点上，很明显，体能训练强度和动作重复次数并不一定是密不可分的。在循环训练中，选择一个或多个举重动作，以自重或非常小的负荷进行练习，可以有效地提高心率，同时避免关节和结缔组织承受额外的负荷，以免在疲劳状态下破坏技术。例如，如果颈后杠铃深蹲是涉及两个大型复合动作的循环训练中的第一部分，那么将其换成高脚杯深蹲可能会产生奇效。在高脚杯深蹲中，训练者的负荷取决于哑铃的重量，这很可能比他们使用杠铃进行深蹲的负荷要小。

此外，选择可以训练有氧系统的练习，同时使用合适的负荷来提升速度和力量，可以为重新审视"爆发力"提供支持。在爆发力训练中，训练者使用可以适当加速的器械，而不是因负荷过大而移动缓慢的器械。从体能训练的角度来说，就是通过选择使用较小的负荷，达到训练爆发力、发展速度和力量的目的。这样的动作也可以在约 15 秒的时间窗口内，进行较多重复次数的练习。

· 壶铃甩摆

· 药球砸击

· 药球墙壁抛掷（向前或侧向）

- 壶铃或哑铃抓举
- 深蹲跳
- 负重背心俯卧撑或爆发式俯卧撑
- 跳跃或交替分腿深蹲

好消息是，所有这些练习都可以有效地训练肌肉耐力，因为它们可以重复较多的次数。建议使用较小的负荷，每组进行 10 ～ 20 次的重复。

在条件有限的场地进行复合体能训练

如果训练者在一个小空间进行训练或只有少数器械可选，那么进行复合训练是一个聪明的体能训练的办法，因为它只需要一种器械，比如一对壶铃、一根杠铃或一对哑铃。要进行复合训练，训练者需要连续进行一系列练习，动作之间没有间歇。复合训练会以一个大型组合形式进行，这能够增加张力时间，对于改善体能和握力都非常有价值，因为训练者将在长时间内持续握住器械。特别是对于体型较小、体重较轻的训练者，复合训练可以提供一种持续性挑战，而在各项练习之间有短暂间歇的循环训练或其他体能训练则起不到这种作用。

在进行复合训练时，重要的是要针对训练者的薄弱点而不是优点进行训练。例如，一个由硬拉、俯身划船、高翻和过顶推举组成的复合训练，负荷将受到过顶推举的限制，因为过顶推举通常是这些动作中最难以大负荷进行的动作。因此，要调整复合训练，只需减少弱点动作所需的重复次数，而不是减小整体负荷并使其他动作承受更大负荷，这才是聪明的选择。

此外，由于训练者需要不间断地做动作，因此如果有某种递进式的衔接，使这些练习相对流畅地连接在一起，那么事情就会变得更简单。例如，如果训练者需要从硬拉直接转入颈后杠铃深蹲会非常麻烦，因为他们需要先把杠铃提起来，然后将其提升至肩膀所在的水平线，再把杠铃移到背部。相比之下，由硬拉、划船、高翻、借力推举和颈后杠铃深蹲组成的复合训练，可以使练习之间的过渡更加流畅。

体能训练可以以许多形式进行。考虑到训练者在体型上存在的差异，我们在本章中也只是浅尝辄止，探讨了其中一些可用选项的表层，仅仅是开了个头而已。在训练时，训练者选择适合自己的训练器械非常重要，这样训练者便可以在健身房中经受住时间的考验，并能够得到充分的锻炼，同时又不会过度疲劳。

第 14 章

训练方案示例

训练方案的细微差别完全取决于训练者以什么为目标。塑形训练方案与力量举训练方案、耐力训练方案、运动专项训练方案等都会有所不同。此外，初学者的训练方案与经验丰富的训练者的训练方案也会不同。组数、次数、练习选择和强度都取决于训练者的目标和能力。

在本章中，我们提供一些通用的训练方案作为示例，来展示训练者应如何整合不同的训练要素，以最好地满足自身的需求。这绝不是强制性规定或固定不变的，而是一个可供参考的起点或基础。

上半身训练，卧推为主：手臂较长者		
练习	页码	缩略图
半程卧推	110	
双脚后收式杠铃卧推（慢速、离心负重）	109	
单臂哑铃划船（使用可调节的凳子）	156	
拉力器夹胸	198	
帕洛夫推	176	

上半身训练，过顶动作为主：手臂较短者		
练习	页码	缩略图
等长推举	131	
超程俯卧撑	193	
胸式引体向上	146	
屈臂悬垂	137	
带式辅助滚轮伸展	173	

全身训练：大块头		
练习	页码	缩略图
中距相扑杠铃硬拉	77	
反向吊环划船	160	
哑铃 / 壶铃卧推	119	
带式辅助引体向上	144	
负重行走	179	

下半身训练，深蹲为主：大腿较长者		
练习	页码	缩略图
颈前杠铃深蹲	89	
脚跟抬高式哑铃深蹲	91	
弓步行走	211	
屈膝哥本哈根平板支撑	227	
北欧挺髋屈伸铰链	217	

下半身训练，硬拉为主：腿部较长者		
练习	页码	缩略图
六角杠硬拉（高柄）	71	
离心式北欧挺	216	
绳索硬拉	230	
反向超级伸展	221	

上半身训练，卧推为主：手臂较长者		
练习	页码	缩略图
反手卧推	118	
半程卧推	110	
哑铃抓举	206	
爆发式俯卧撑	192	

上半身训练，拉为主：手臂较长者		
练习	页码	缩略图
中距相扑杠铃硬拉	77	
彭德莱划船	164	
中立握法引体向上	142	
下拉杆宽握划船	154	
爬虫式	173	

上半身训练，拉为主：手掌较小者		
练习	页码	缩略图
中距相扑杠铃硬拉	77	
中立握法引体向上	142	
反向吊环划船	160	
阻力带划船	167	
背阔肌下拉	208	
悬垂膝举	178	

本章中的所有内容都强调了前面章节中所提出的观点：学习和掌握大型（复合）力量训练是很重要的，因为具有不同体型和人体测量学特征的训练者存在一定的差异。但是，在练习和掌握大型力量训练的同时，不应该牺牲重要的辅助训练，这些训练将使力量训练方案更加全面和具有必要的深度。同时，这些训练还能提升身体的整体能力和运动能力，这有助于训练涵盖更多健康体能要素（而不是局限于通过5～6种主要动作训练所培养出来的技能）。了解个人体型的需求，可以真正为进行安全有效的力量训练奠定框架和基石。

将有关大型力量训练的所有信息纳入包括多种练习以及规定的重复次数、组数和休息时间的训练方案，才是对体型特异性背后所呈现的科学的真正实践应用。这是打造强壮的身体的可靠方法，而且它像一台运转良好的机器一样，不会在短期使用后出现故障。

参考文献

第 1 章

Aouadi, R., M.C. Jlid MC, R. Khalifa et al. 2012. Association of anthropometric qualities with vertical jump performance in elite male volleyball players. *Journal of Sports Medicine and Physical Fitness* 52 (1): 11-17.

Azcorra, H., M.I. Varela-Silva, L. Rodriguez, B. Bogin, and F. Dickinson. 2013. Nutritional status of Maya children, their mothers, and their grandmothers residing in the City of Merica, Mexico: Revisiting the leg-length hypothesis. *American Journal of Human Biology* 25:659-665.

Bishop, C., A. Turner, and P. Read. 2018. Effects of inter-limb asymmetries on physical and sports performance: A systematic review. *Journal of Sports Sciences* 36 (10): 1135-1144.

Bogin, B., & M.I. Varela-Silva. 2010. Leg length, body proportion, and health: A review with a note on beauty. *International Journal of Environmental Research and Public Health* 7:1047-1075.

Epstein, D. 2013. The Sports Gene, 117-120. New York: Penguin Books.

Fryar, C., et al. 2018. National Health Statistics reports: Mean body height, weight, waist circumference and body mass index among adults: United States, 1999-2000 through 2015-16. December 20, 2018.

Keogh, J.W.L., P.A. Hume, S.N. Pearson, and P. Mellow. 2007. Anthropometric dimensions of male powerlifters of varying body mass, *Journal of Sports Sciences* 25 (12): 1365-1376.

Keogh, J.W.L., P.A. Hume, S.N. Pearson, and P.J. Mellow. 2009. Can absolute and pro-portional anthropometric characteristics distinguish stronger and weaker powerlifters? *Journal of Strength and Conditioning Research* 23 (8): 2256-2265.

Kuznetsova, Z.M., S.A. Kuznetsov, Y.D. Ovchinnikov, and P.V. Golovko. 2018. Analysis of the morphological-functional indices connection degree in throwing among athletes. Педагогико-психологические и медико-биологические проблемы физической культуры и спорта 13 (2): 44-50.

Musser, L.J., J. Garhammer, R. Rozenek, J.A. Crussemeyer, and E.M. Vargas. 2014. Anthropometry and barbell trajectory in the snatch lift for elite women weightlifters. *Journal of Strength and Conditioning Research* 28 (6): 1636-1648.

Nevill, A.M., S. Oxford, and M.J. Duncan. 2015. Optimal body size and limb-length ratios associated with 100-m PB swim speeds. *Medicine and Science in Sports and Exercise* 47 (8): 1714-1718.

Purnell, J.Q. 2018. Definitions, classification, and epidemiology of obesity. In *Endotext*, edited by K.R. Feingold, B. Anawalt, A. Boyce, et al.

Roser, M., C. Appel, C., and H. Ritchie. 2013. Human height. Our World in Data.

Ruff, C. 2002. Variation in human body size and shape. *Annual Review of Anthropology* 31:211-232.

Sarvestan, J., V. Riedel, Z. Gonosová, P. Lindu.ka, and M. Pridalová. 2019. Relationship between anthropometric and strength variables and maximal throwing velocity in female junior handball players: A pilot study. *Acta Gymnica* 49 (3): 132-137.

Top End Sports. 2015. Anthropometric measurements of 100m Olympic champions. Updated December 2015.

Vidal Pérez, D., J.M. Martínez-Sanz, A. Ferriz-Valero, V. 2021. Gómez-Vicente, and E. Ausó. Relationship of limb lengths and body composition to lifting in weightlifting. International *Journal of Environmental Research and Public Health* 18 (2): 756.

第2章

Epstein, D. 2013. The Sports Gene, 117-120. New York: Penguin Books.

Fryar, C., et al. 2018. National Health Statistics reports: Mean body height, weight, waist circumference and body mass index among adults: United States, 1999-2000 through 2015-16. December 20, 2018.

Roser, M., C. Appel, and H. Ritchie, H. 2013. Human height. Our World in Data.

Top End Sports. 2015. Anthropometric measurements of 100m Olympic champions. Updated December 2015.

第3章

Dickie, J.A., J.A. Faulkner, M.J. Barnes, and S.D. Lark. 2017. Electromyographic analysis of muscle activation during pull-up variations. *Journal of Electromyography and Kinesiology* 32:30-36.

DiNunzio, C., N. Porter, J. Van Scoy, D. Cordice, and R.S. McCulloch. 2018. Alterations in kinematics and muscle activation patterns with the addition of a kipping action during a pull-up activity. Sports Biomechanics 18 (6): 622-635.

García-Ramos, A., A. Pérez-Castilla, F.J. Villar Macias, A. Latorre-Roman, J.A. Parraga, and F. Garcia-Pinillos. 2021. Differences in the one-repetition maximum and load-velocity profile between the flat and arched bench press in competitive powerlifters. *Sports Biomechanics* 20 (3): 261-273.

Gardner, J.K., J.T. Chia, B.M. Peterson, and K.L. Miller. 2021. The effects of 5 weeks of leg-drive training on bench performance in recreationally-trained, college-age men. *Journal of Science in Sport and Exercise*. May 12, 2021.

Lehman, G.J., D.D. Buchan, A. Lundy, N. Myers, and A. Nalborczyk. 2004. Variations in muscle activation levels during traditional latissimus dorsi weight training exercises: An experimental study. *Dynamic Medicine* 3 (4).

Pinto, B.L., and C.R. Dickerson. 2021. Vertical and horizontal barbell kinematics indicate differences in mechanical advantage between using an arched or flat back posture in the barbell bench press exercise. *International Journal of Sports Science & Coaching* 16 (3): 756-762.

Quillen, D.M., M. Wuchner, and R. Hatch. 2004. Acute shoulder injuries. *American Family Physician* 70 (10): 1947-1954.

Williamson, T., and P. Price. 2021. A comparison of muscle activity between strict, kipping, and butterfly pull-ups. *Journal of Sport & Exercise Science* 5 (2): 149-155.

Wright, G.A., T.H. Delong, and G. Gehlsen. 1999. Electromyographic activity of the hamstrings during performance of the leg curl, stiff leg deadlift, and back squat movements. *Journal of Strength and Conditioning Research* 13 (2): 168-174.

第 4 章

Bengtsson, V., L. Berglung, and U. Aasa. 2018. Narrative review of injuries in powerlifting with special reference to their association to the squat, bench press and deadlift. *BMJ Open Sport & Exercise Medicine* 4:e000382.

Chou, P.H., S.Z. Lou, S.K. Chen, H.C. Chen, T.H. Hsia, T.L. Liao, and Y.L. Chou. 2008. Elbow load during different types of bench-press exercise. *Biomedical Engineering: Applications, Basis, and Communications* 20 (3): 185-189.

Cotterman, M.L., L.A. Darby, and W.A. Skelly. 2005. Comparison of muscle force production using the Smith machine and free weights for bench press and squat exercises. *Journal of Strength and Conditioning Research* 19 (1): 169-176.

Escamilla, R.F., T.M. Lowry, D.C. Osbahr, and K.P. Speer. 2001. Biomechanical analysis of the deadlift during the 1999 Special Olympics World Games. *Medicine & Science in Sports & Exercise* 33 (8): 1345-1353.

Fleisig, G.S., S.W. Barrentine, N. Zheng, R.F. Escamilla, and J.R. Andrews. 1999. Kinematic and kinetic comparison of baseball pitching among various levels of development. *Journal of Biomechanics* 32 (12): 1371-1375.

Merriam-Webster. n.d. Force.

Schoenfeld, B.J. 2010. Squatting kinematics and kinetics and their application to exercise performance. *Journal of Strength and Conditioning Research* 24 (12): 3497-3506.

第 5 章

Andersen, V., M.S. Fimland, D.A. Mo, V.M. Iversen, T. Vederhus, L.R.R. HellebØ, and A.H. Saeterbakken. 2018. Electromyographic comparison of barbell deadlift, hex bar deadlift, and hip thrust exercises: A cross-over study. *Journal of Strength and Conditioning Research* 32 (3): 587-593.

Mawston, G., L. Holder, P. O'Sullivan, and M. Boocock. 2021. Flexed lumbar spine postures are associated with greater strength and efficiency than lordotic postures during a maximal lift in pain-free individuals. *Gait & Posture* 86:245-250.

McGill, S., A. McDermott, and C.M. Fenwick. 2009. Comparison of different strongman events: Trunk muscle activation and lumbar spine motion, load, and stiffness. *Journal of Strength and Conditioning Research* 23 (4): 1148-1161.

Swinton, P.A., A. Stewart, I. Agouris, J.W.L. Keogh, and R. Lloyd. 2011. A biomechanical analysis of straight and hexagonal barbell deadlifts using submaximal loads. *Journal of Strength and Conditioning Research* 25 (7): 2000-2009.

第 6 章

Fuglsang, E.I., A.S. Telling, and H. S.rensen. 2017. Effect of ankle mobility and segment ratios on trunk lean in the barbell back squat. *Journal of Strength and Conditioning Research* 31 (11):

3024-3033.

Hales, M.E., B.F. Johnson, and J.T. Johnson. 2009. Kinematic analysis of the powerlifting style squat and the conventional deadlift during competition: Is there a cross-over effect between lifts? *Journal of Strength and Conditioning Research* 23 (9): 2574-2580.

Joseph, L., J. Reilly, K. Sweezey, R. Waugh, L.A. Carlson, and M.A. Lawrence. 2020. Activity of trunk and lower extremity musculature: Comparison between parallel back squats and belt squats. *Journal of Human Kinetics* 72:223-228.

McBride, J.M., J.W. Skinner, P.C. Schafer, T.L. Haines, and T.J. Kirby. 2010. Comparison of kinetic variables and muscle activity during a squat vs. a box squat. *Journal of Strength and Conditioning Research* 24 (12): 3195-3199.

第 7 章

Bellar, D.M., L.W. Judge, T.J Patrick, and E.L. Gilreath. 2010. Relationship of arm span to the effects of prefatigue on performance in the bench press. *The Sport Journal* 22.

Caruso, J.F., S.T. Taylor, B.M. Lutz, N.M. Olson, M.L. Mason, J.A. Borgsmiller, and R.D. Riner. 2012. Anthropometry as a predictor of bench press performance done at different loads. *Journal of Strength and Conditioning Performance* 26 (9): 2460-2467.

Green, C.M., and P. Comfort. 2007. The affect of grip width on bench press performance and risk of injury. *Strength and Conditioning Journal* 29 (5).

Grgic, J., B.J. Schoenfeld, T.B. Davies, B. Lazinica, J.W. Krieger, and Z. Pedisic. 2018. Effect of resistance training on gains in muscular strength: A systematic review and meta-analysis. *Sports Medicine* 48:1207-1220.

Inklebarger, J., G. Gyer, A. Parkunan, N. Galanis, and J. Michael. 2017. Rotator cuff impingement associated with type III acromial morphology in a young athlete—a case for early imaging. *Journal of Surgical Case Reports* 2017 (1): rjw234.

Keogh, J., P. Hume, P. Mellow, and S. Pearson. 2005. The use of anthropometric variables to predict bench press and squat strength in well-trained strength athletes. International Society of Sports Biomechanics. Proceedings of the 23rd ISBS Conference, Beijing, China, August 22-27.

Krysztofik, M., A. Zajac, P. Zmijewski, and M. Wilik. 2020. Can the cambered bar enhance acute performance in the bench press exercise? *Frontiers in Physiology* 11.

Lehman, G. 2005. The influence of grip width and forearm pronation/supination on upper-body myoelectric activity during the flat bench press. *Journal of Strength and Conditioning Research* 19 (3): 587-591.

Lockie, R.G., S.J. Callaghan, A.J. Orjalo, and M.R. Moreno. 2018. Relationships between arm span and the mechanics of the one-repetition maximum traditional and close-grip bench press. *Physical Education and Sport* 16 (2): 271-280.

Lockie, R.G., and M.R. Moreno. 2017. The close-grip bench press. *Strength and Conditioning Journal* 39 (4): 30-35.

Newmire, D.E., and D.S. Willoughby. 2018. Partial compared with full range of motion resistance training for muscle hypertrophy: A review and an identification of potential mechanisms.

Journal of Strength and Conditioning Research 32 (9): 2652-2664.

Rodríguez-Ridao, D., Antequera-Vique, J. A., Martín-Fuentes, I., & Muyor, J. M. (2020). Effect of five bench inclinations on the electromyographic activity of the pectoralis major, anterior deltoid, and triceps brachii during the bench press exercise. *International Journal of Environmental Research and Public Health* 17 (19): 7339.

Swinton, P.A., A.D. Stewart, J.W.L. Keogh, I. Agouris, and R. Lloyd. 2011. Kinematic and kinetic analysis of maximal velocity deadlifts performed with and without the inclusion of chain resistance. *Journal of Strength and Conditioning Research* 25 (11): 3163-3174.

第 8 章

Bishop, C., S. Chavda, and A. Turner. 2018. Exercise technique: The push press. *Strength and Conditioning Journal* 40 (3): 104-108.

Kraemer, W.J., L.K. Caldwell, E.M. Post, W.H. DuPont, E.R. Martini, N.A. Ratamess, T.K. Szivak, J.P. Shurley, M.K. Beeler, J.S. Volek, C.M. Maresh, J.S. Todd, B.J. Walrod, P.N. Hyde, C. Fairman, and T.M. Best. 2020. Body composition in elite strongman competitors. *Journal of Strength and Conditioning Research* 34 (12): 3326-3330.

Pérez, D.V., J.M. Martinez-Sanz, A. Ferriz-Valero, V. Gómez-Vicente, and E. Ausó. 2021. Relationship of limb lengths and body composition to lifting in weightlifting. *International Journal of Environmental Research and Public Health* 18 (2): 756.

Saeterbakken, A.H., and M.S. Fimland. 2013. Effects of body position and loading modality on muscle activity and strength in shoulder presses. *Journal of Strength and Conditioning Research* 27 (7): 1824-1831.

第 9 章

Dickie, J., J. Faulkner, M. Barnes, and S. Lark. 2017. Electromyographic analysis of muscle activation during pull-up variations. *Journal of Electromyography and Kinesiology* 32: 30-36.

Youdas, J.W., C.L. Amundson, K.S. Cicero, J.J. Hahn, D.T. Harezlak, and J.H. Hollman. 2010. Surface electromyographic activation patterns and elbow joint motion during a pull-up, chin-up, or Perfect-Pullup. rotational exercise. *Journal of Strength and Conditioning Research* 24 (12): 3404-3414.

第 10 章

Fenwick, C.M.J, S.H.M. Brown, and S.M. McGill. 2009. Comparison of different rowing exercises: Trunk muscle activation and lumbar spine motion, load and stiffness. *Journal of Strength and Conditioning Research* 23 (5): 1408-1417.

第 11 章

Alahmari, K.A., P. Silvian, S. Reddy, V.N. Kakarparthi, I. Ahmad, and M. Alam. 2017. Hand grip strength determination for healthy males in Saudi Arabia: A study of the relationship with age, body mass index, hand length and forearm circumference using a hand-held dynamometer. *Journal of International Medical Research* 45 (2): 540-548.

Dhayal, P. 2020. Evaluation of possible anthropometric advantage in sit-up test. International

Journal of Physiology, Nutrition, and Physical Education 5 (2): 38-42.

Günther, C.M., A. Bürger, M. Rickert, A. Crispin, and C.U. Schulz. 2008. Grip strength in healthy Caucasian adults: Reference values. *Journal of Hand Surgery* 33 (4): 558-565.

Howe, L., and P. Read. 2015. Thoracic spine function: Assessment and self-management. *Professional Journal of Strength and Conditioning* 39: 21-30.

McGill, S.M., S. Grenier, N. Kavcic, and J. Cholewicki. 2003. Coordination of muscle activity to assure stability of the lumbar spine. *Journal of Electromyography and Kinesiology* 13 (4): 353-359.

Perkilis, K. 2019. Effects of heart rate and blood pressure of weightlifting and breathing technique. *International Journal of Clinical Skills* 13 (1): 254-258.

Rice, V.J., T.L. Williamson, and M. Sharp. 1998. Using anthropometry and strength values to predict grip strength. *Advances in Occupational Ergonomics and Safety: Proceedings of the XIIIth Annual International Occupational Ergonomics and Safety Conference* 1998, 378-381. Japan: IOS Press.

Wilson, J.D., C. Dougherty, M.L. Ireland, and I.S. Davis. 2015. Core stability and its relationship to lower extremity function and injury. *Journal of the American Academy of Orthopaedic Surgeons* 13 (5): 316-325.

第 12 章

Bagchi, A. 2015. A comparative electromyographical investigation of triceps brachii and pectoralis major during four different freehand exercises. Journal of *Physical Education Research* 2 (2): 20-27.

Barakat, C., R. Barroso, M. Alvarez, J. Rauch, N. Miller, A. Bou-Silman, and E.O. De Souza. 2019. The effects of varying glenohumeral joint angle on acute volume load, muscle activation, swelling, and echo-intensity on the biceps brachii in resistance-trained individuals. *Sports* 7 (9): 204.

Barbalho, M., V.S. Coswig, R. Raiol, J. Steele, J.P. Fisher, A. Paoli, A. Bianco, and P. Gentil. 2018. Does the addition of single joint exercises to a resistance training program improve changes in performance and anthropometric measures in untrained men? *European Journal of Translational Myology* 28 (4): 7827.

Boland, M.R., T. Spigelman, and T. Uhl. 2008. The function of brachioradialis. *Journal of Hand Surgery* 33 (10): 1853-1859.

Da Silva, E.M., M.A. Brentano, Cadore, E.L., De Mameida, A.P., and Martins Kruel, L.F. 2008. Analysis of muscle activation during different leg press exercises at submaximum effort levels. *Journal of Strength and Conditioning Research* 22 (4): 1059-1065.

de Franca, H.S., P.A. Nordeste Branco, D.P. Guedes, Jr., P. Gentil, J. Steele, and C.V. La Scala Teixeira. 2015. The effects of adding single-joint exercises to a multi-joint exercise resistance training program on upper body muscle strength and size in trained men. *Applied Physiology, Nutrition, and Metabolism* 40 (8).

Gentil, P., J. Fisher, and J. Steele. 2017. A review of the acute effects and adaptations of single- and multi-joint exercises during resistance training. *Sports Medicine* 47:843-855.

Kholinne, E., R.F. Zulkarnain, Y.C. Sun, S. Lim, J. Chun, and I. Jeon. 2018. The different role of each head of the triceps brachii muscle in elbow extension. *Acta Orthopaedica et Traumatologica Turcica* 52 (3): 201-205.

Kim, Y.S., D.Y. Kim, and M.S. Ha. 2016. Effect of the push-up exercise at different palmar width on muscle activities. *Journal of Physical Therapy Science* 28 (2): 446-449.

Mannarino, P., T. Matta, J. Lima, R. Sim.o, and B. Freitas de Salles. 2021. Single-joint exercise results in higher hypertrophy of elbow flexors than multijoint exercise. *Journal of Strength and Conditioning Research* 35 (10): 2677-2681.

Marcolin, G., N. Petrone, T. Moro, G. Battaglia, A. Bianco, and A Paoli. 2015. Selective activation of shoulder, trunk, and arm muscles: A comparative analysis of different push-up variants. *Journal of Athletic Training* 50 (11): 1126-1132.

McKenzie, A., Z. Crowley-McHattan, R. Meir, J.W. Whitting, and W. Volschenk. 2021. Glenohumeral extension and the dip: Considerations for the strength and conditioning professional. *Strength and Conditioning Journal* 43 (1): 93-100.

Schoenfeld, B., and B. Contreras. 2012. Do single-joint exercises enhance functional fitness? *Strength and Conditioning Journal* 34 (1): 63-65.

van den Tillaar, R. 2019. Comparison of kinematics and muscle activation between pushup and bench press. *International Journal of Sports Medicine* 40 (14): 941-941.

Welsch, E.A., Bird, M. and Mahew, J.L.. 2012. Electromyographic activity of the pectoralis major and anterior deltoid muscles during three upper-body lifts. *Journal of Strength and Conditioning Research* 19 (2): 449-452.

关于作者

　　李·博伊斯在大学时期便早早决定将健身训练作为他的职业，并且从未动摇。他是一位扎根在加拿大多伦多的体能教练和教育者。自 2007 年以来，他一直在帮助客户进行体能训练、运动表现训练和增肌训练。作为一名众所周知的训练师和健身作家，他已经在全球一些较大的与健身和生活方式相关的媒体上发表过 1200 篇文章，包括《男士健康》（*Men's Health*）、《氧气》（*Oxygen*）、《训练杂志》（*Train Magazine*）、《室内健身》（*Inside Fitness*）、《形体》（*Shape*）、《赫芬顿邮报》（*Huffington Post*）、《男士杂志》（*Men's Journal*）、NSCA 的《个人训练季刊》（*Personal Training Quarterly*）等。2013 年，他首次完整参与创作的图书《男性健身圣经：101 次有史以来最好的锻炼》（*Men's Fitness Exercise Bible: 101 Best Workouts of All Time*）出版，该书成为亚马逊畅销书。

　　博伊斯作为前国家级大学田径运动员（短跑和跳远），主修运动人体科学专业，他认为这种理论学习和运动参与经历的结合，使他对人体和生物力学有了更深入的理解，并能够简化人们难以理解的概念。作为公共演讲者，博伊斯利用自己的技能在各地开展讲座、研讨会和培训会，分享创新的问题解决指南和独特的观点，为寻求职业进步的教练提供帮助。作为多伦多汉博学院的兼职大学教授，他鼓励批判性思维，打破"一刀切"、教条化的运动科学建议的限制。正是这种思维方式培养了他对讲述和撰写有关人体测量学和体型在抗阻训练中的运用的热情。

　　在指导训练、演讲、写作和自我训练之外，博伊斯确保自己与一直以来最喜欢的爱好保持同步：电影。一本关于他最喜欢的电影的书可能会比本书厚一倍。

梅洛迪·舍恩菲尔德，MA（文学硕士），CSCS（美国国家体能协会认证的体能训练专家），拥有超过 27 年的个人训练经验，并被评为 NSCA 2019 年度个人训练师。她在加利福尼亚州帕萨迪纳市创建了 Flawless Fitness 训练中心，这是一个小型的个人训练工作室。梅洛迪拥有健康心理学硕士学位，在力量举（深蹲、卧推和硬拉）比赛中保持着州级和全国纪录。她参加大力士、握力和女子摔跤项目比赛，并能够表演一些老式大力士的力量绝活，如手撕电话簿和弯折钢条。

她在健康和健身方面的专业知识曾在美国各地的众多电视节目中有所展示，也被一些流行媒体发表和引用过，例如《形体》（*Shape*）、《氧气》（*Oxygen*）、《肌肉断裂》（*Breaking Muscle*）、《女孩变强》（*Girls Gone Strong*）、《我的健身伙伴》（*My Fitness Pal*）、《男士健身》（*Men's Fitness*）和《男士健康》（*Men's Health*）。梅洛迪在《力量与体能》（*Strength and Conditioning Journal*）上发表了多篇文章。她是《快乐不见肉：一种基于科学的素食主义生活方式（还有一些食谱）》[*Pleasure Not Meating You: A Science-Based Approach to the Vegan Lifestyle（And Some Recipes, Too*）] 和《运动饮食指南：揭示 12 种流行饮食方案的真相》（*Diet Lies and Weight Loss Truths*）的作者。梅洛迪在各地广泛就各种健身和营养话题发表演讲。在闲暇时间，梅洛迪也客串一些乐队（主要是重金属乐队）的主唱。当不忙于这些事情时，她可能在某个地方抚摸一只狗。

关于译者

　　鲍克，北京体育大学副教授、硕士研究生导师；获评北京市师德先锋、2008 年北京奥运会残奥会优秀志愿者，为举重国家级健将、举重国家级裁判、健身健美国家一级裁判、社会体育指导员讲师，曾服役中国人民解放军八一体育工作大队，参加国家体育总局国家队教练员体能训练培训，赴德国、美国培训和学习，跟随国家速滑队赴加拿大进行冬训；为国家现代五项队、国家速滑队、国家单板滑雪坡面障碍队、国家花样滑冰队提供过体能训练服务。

王贤明，上海体育大学体育（运动训练）专业硕士，上海市虹口区排球协会理事；美国国家体能协会认证体能训练专家（CSCS），获亚足联C级足球教练员、腰旗橄榄球初级教练员等专业资质证书；曾任上海市黄浦区皓浦青少年足球俱乐部教练、翻译，研究生在读期间于上海市竞技体育训练管理中心实习工作，任上海赛艇队男子单桨组体能教练；独立运营微信公众号"足球体能与运动表现"；主要研究方向为体能训练、多方向移动速度训练、减速能力训练等。